中　　　　华　　　　　　　　节　　　　庆

丛书主编 … 万建中
丛书副主编 … 张巨才

中华民俗图文书系
Chinese Folk Culture Photo Book Series

中华节庆

谭忠国 … 著

农村读物出版社

福
福
福
福
福
福
福

福
福
樞要專司握萬化

图书在版编目（CIP）数据

中华节庆／谭忠国著.—北京：农村读物出版社，2009.10

ISBN 978－7－5048－5284－7

Ⅰ.中… Ⅱ.谭… Ⅲ.节日－风俗习惯—中国 Ⅳ.K892.1

中国版本图书馆CIP数据核字（2009）第175874号

策划：刘宁波

责任编辑 杨桂华
出　　版 农村读物出版社（北京市朝阳区农展馆北路2号 100125）
发　　行 新华书店北京发行所
印　　刷 中国农业出版社印刷厂
开　　本 720mm×1000mm 1/16
印　　张 15.5
字　　数 250千
版　　次 2011年1月第1版 2011年1月北京第1次印刷
印　　数 1～8000册
定　　价 38.00元

目录 Contents

Chinese Holidays

壹 ◎ 保护民俗文化，养护民族之根——节日概说 11

一、岁时节日的由来和发展 12

二、民俗节日的社会功能价值 22

贰 ◎ 共欢新故岁，迎送一宵中——春节 27

一、春节的起源 28

二、春节风俗的基本演变 34

三、春节其他主要习俗 42

叁 ◎ 火树银花触目红，揭天鼓吹闹春风——元宵节 69

一、元宵节的起源 70

二、元宵节的演进与盛行 74

三、元宵节的主要习俗 87

肆 ◎ 桑间濮上尽风流，如画三月显真情——清明节 103

一、清明节的由来与演变 104

二、清明节其他主要习俗 113

三、古代文人与清明节 120

目录 Chinese Holidays Contents

伍 ◎ 龙舟竞渡闹洋洋，吃粽插艾酒飘香——端午节 129
一、端午节的起源及演变 130
二、端午节的主要习俗 134
三、古代文人与端午节 153

陆 ◎ 天街夜色凉如水，坐看牵牛织女星——七夕节 161
一、七夕节的起源与演变 162
二、七夕风俗与传说 168
三、古代文人与七夕节 187

柒 ◎ 不眠之夜中秋月，天上人间两团圆——中秋节 193
一、中秋节的起源 194
二、中秋节的演进 196
三、中秋节的主要习俗 199

捌 ◎ 独在异乡为异客，每逢佳节倍思亲——重阳节 217
一、重阳节的起源与演进 218
二、重阳节的主要习俗 223

参考文献 244

福
福
国
泰
春
2006

壹

保护民俗文化，养护民族之根

——节日概说

2006年春节，
云南大理瓦村龙灯会
孙辉 摄

一、岁时节日的由来和发展

（一）岁时节日的由来

历法的确定是岁时节日形成的先决条件和基础。

1. 基于对天文的认识和历法的确定。上古之时，人类在很长时间里没有历法，是“山中无历日，寒暑不知年”。后来人们“观象授时”，即通过观察天象、气象和物象，逐渐总结出日月星辰及气候的变化、常见植物的生长和动物活动的大体规律，用来指导农业生产，安排自己的生活节律。

中国古代天文学非常发达，十分重视对天象的记录，在这方面，中国古

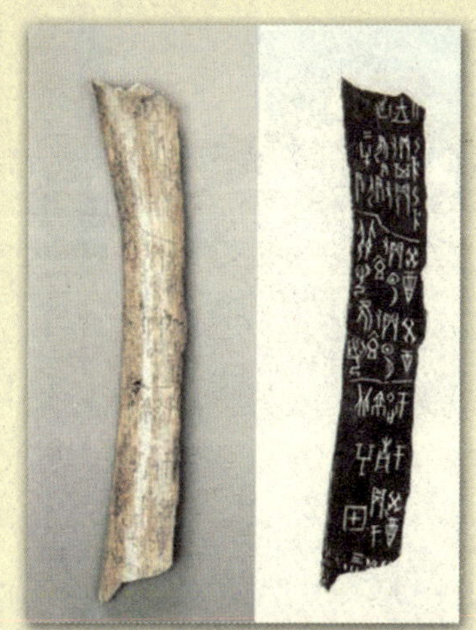
河南安阳出土的商代记录日食的牛骨

七节碑

代观察之早，范围之广，记录之详，保存之善，都是世界一流的，其连续性和准确性，都是世界罕见的。特别是对太阳、月亮更为重视。我国在甲骨片上记录了人类历史上发现的最早的一次日食，这次日食发生在公元前1217年5月26日，留下了河南安阳先民观察日食的详细记录。世界上有确切日期的最早月食记录也在甲骨文中由考古学家董作宾发现，此次月食发生于武丁二十九年十二月望日，相当于公元前1311年11月23日。

在对天象的观测中，最早引起人们关注的，是与人类密切相关的“七曜”和“二十八宿”。“七曜”即日、月与金、木、水、火、土五大行星。“二十八宿”，则是在黄道、赤道附近，由恒星组成的二十八个星区。在《尚书·尧典》中记载，当时夏、商、周三代以前的人们已经能够知道春分、夏至、秋分和冬至的准确日期了。1978年，在湖北随县出土的战国初年的曾侯乙墓里的漆棺上，绘有完整的二十八宿。这证明至迟在公元前5世纪，二十八宿体系已经形成了。通过长期观察，人们懂得了日、月、年的时间长度和寒来暑往、春播秋收的规律。并且在殷周时代已开始置闰，几经改造，后来规定在十九年里共闰七个月，使历年的平均长度等于一个回归年，并和天象及自然季节大致协调同步，由此制定了我国

湖北随县曾侯乙墓出土衣箱盖上的二十八宿图

最早的历法。夏代修订尧历时，因为是以月亮绕地球的规律推算，故称阴历；因其创始于夏代，又有夏历之称。此后从春秋到近代，据不完全统计，我国前后出现过100多种历法。但是我国古代历法中确定的岁实（即一年的时间长度），在当时是世界上最精确的。如公元426年推行的《大明历》的岁实是365.2428日；1199年南宋杨忠辅在《统天历》中精确到365.2425日，与地球绕太阳公转的实际时间相比，仅相差26秒。后来郭守敬于至元十七年（1280年）编出中国古代最优秀的历法《授时历》，也采用了这一数值。

浑仪

简仪

历法虽然确定了，但中国古代经常改朝换代。每位开国天子为了显示自己“受命于天”，都要“改正朔，易服色”，即改动月份的顺序，确定哪个月份为岁首，改变衣服的颜色。据《史记·历书》记载，夏、商、周三代的历法分别以当今农历的正月、腊月、冬月为岁首。秦代改用颛顼（zhuānxū）历，以当今之农历十月为岁首。由于经常改历，历法就与实际情况不相符合了，出现了错乱现象。于是太初年间，汉武帝命司马迁、落下闳、邓平等人修改《颛顼历》，仍以夏历的正月为岁首，并把二十四节气第一次订入历法，这就是《太初历》。二十四节气的出现，对农业生产起到了非常重要的作用。从此以后，除了王莽、魏明帝、武则

落下闳太初历

天、唐肃宗为时很短的改岁首和历代稍有修订之外，《太初历》一直沿用了两千多年，直到清末。

历法确定之后，就为节日的出现打下了时间基础，就可以确立明确统一的节期了。历法中的“朔”、“望”，常常被确定为节日。朔，是每月的初一，为一月之首，古代称为“元日”，象征着蓬勃开始之意。所以中国最重要的节日“年”，就定在正月初一。望，是每月的十五，这一天月圆，寄寓着团圆美满之意。如元宵节、中秋节就分别在正月十五、八月十五。此外，从干支纪日法中又派生出许多节日。如上巳节在农历三月的第一个巳日，人们在水边祭祀，并香熏草药沐浴，叫做洗濯祓（fú）除，认为可以驱除瘟疫和不祥。

2. 原始信仰的掺入。岁时节日必须同时满足两个基本要求：一是特定的节期；二是一定的民俗活动，因而确定了节期就意味着具备了一定的民俗活动。自然崇拜、灵魂崇拜、行业神崇拜等原始信仰是岁时节日起源的又一源头。《礼记·月令》中就记载：天子春天祭日，秋分的晚上祭月。《周礼·大宗伯》也有祭祀日月星辰的记载，以致后来逐步发展成中秋和七夕节。“社日”就源于古老的土地神崇拜。殷商时期，对土地神的祭祀已相当普遍，周代以后，发展成社祀，后来演变成“社日”，分春社和秋社，分别在立春和立秋后第五个戊日举行，叫做春祈、秋报。

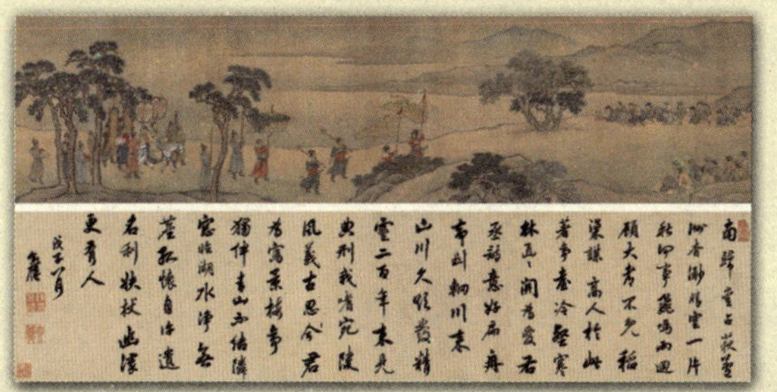

王驾社日

古人认为人死后，灵魂不灭，还能发挥各种作用，因而人们对已逝的祖先、有作为的人士都给予礼遇祭祀。一是体现后人对他们的尊崇；二是希望他们在天之灵保佑自己。如清明祭祖、端午祭屈原等。而划龙舟则是祈求风调雨顺，五谷丰登。此外，祈求孤魂野鬼不来危害自己，有时甚至强力驱除。

七月十五在旷野水边燃放河灯、设馔（zhuàn）施粥，为的是追荐各路孤魂野鬼，使他们有所归所而不加害于人。

元宵节

节日里各种习俗的形成还与古人迷信、禁忌、巫术观念密切相关。古人特别相信征兆，认为吉凶祸福必然有前兆，如果兆头不好，就信心不足，甚至提心吊胆。为了预测未来，便进行各种各样的占卜。现在许多民俗节日如除夕夜、立春、二月初二的花朝节、夏至节、七夕、中秋、重阳、冬至等，都有看风云、占天候、预卜年岁丰歉的活动。

古人为了避邪消灾，又有许多必须严格遵守的禁忌，也形成了节日的基本内容。端午插艾蒿、挂菖蒲、饮雄黄酒、戴长命缕，重九登高，元宵节张灯结彩等，都有避邪消灾之意。至于过年时燃放爆竹、击鼓驱傩、去秽送穷、更换桃符等习俗，则都是对鬼魅的一种强力驱除，这反映了当时人们征服自然灾害、战胜邪恶力量的那种大无畏气概的民族心理，也显示了人类的护生态度。

3. 源于对某些历史人物或传说人物的纪念。端午节就有纪念忠臣屈原、义士介子推、潮神伍子胥和孝女曹娥等说法。湘贵边境一带的苗族龙舟竞渡是为了纪念一位勇斗毒龙、为民除害的老人故亚。云南傣族赛龙船，是为了

纪念民族英雄岩洪娥（或称红窝）。洱海白族的划龙舟是为了敬奉一位成为洱海龙王的白族勇士。在湘西，则说是为了纪念开天辟地的盘古、屈原，或者苗族始祖蚩尤。侗族则是为祭祀河神以及祖先杨再思……总之，在我国广袤土地上的龙舟竞渡，既有纪念屈原的主题，也有纪念各民族自己的英雄的主题。但他们并未产生争执，而且能和睦相处。这说明节日的起源是多元的，也说明确实是“十里不同风，百里不同俗”。

屈原

（二）岁时节日的发展

大多数岁时节日形成后，一般都处于较为稳固的状态，但随着时代和社会的发展变化，其风俗也会发生或多或少的变化。当然这些变化是时缓时

北京龙潭公园
端午祭祀
谭忠国 摄

急、非常漫长的。因此，节日有一个发展过程，我国传统岁时节日大体经历了四个发展阶段。

1. 萌芽期。先秦时期是我国传统岁时节日的萌芽期。那时由于生产力水平极其低下，人类的科学知识也非常贫乏，人们对风雨雷电等许多自然现象都不能做出科学的解释，而是感到奇怪和害怕。认为有一种超自然的力量在统治着人类，于是出现了占卜、驱邪等巫术，许多禁忌也自然出现了。不过这些都是日常性的，几乎逢事必卜、每日都卜、人人占卜。在丰收时也偶有庆贺，这包含着节日的欢乐气氛，但并没有确定固定的节期，也没形成特定的风俗，所以，此时节日尚未定型。又由于当时中国战乱频繁，四分五裂，还不能演变为普遍的节日。

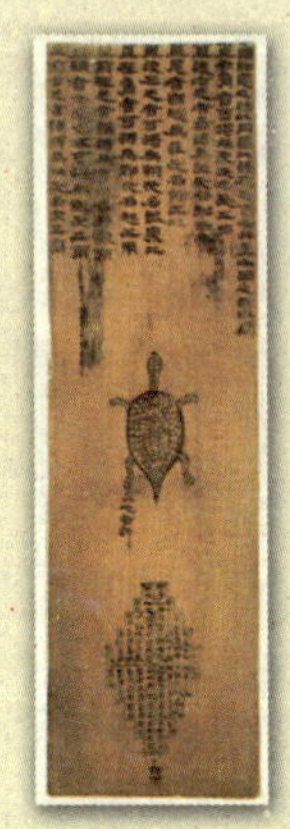
西汉墓出土神龟占卜

2. 发展期。到了汉初，由于社会比较稳定，经济日趋繁荣，人们开始追求丰富多彩的生活，同时，如前所述，历法的定型也是节日形成的重要条件。到了秦汉，我国的主要节日基本形成。据史籍记载，除夕、元宵、上巳、清明、端午、七夕、重阳及春秋社日、冬祭、腊日等传统节日，大多在汉代形成定制，此后一直沿袭两千多年直到今天。

这种状况不是偶然形成的。首先，秦朝的统一为形成普遍的节日奠定了基础，各地区各民族的交流空前活跃，各地不同的节日风俗大体上逐渐趋同。而上层统治者在某些情况下，对节日的发展演变、推动节日风俗的统一，也能起到直接而重要的作用，从而使各地节日活动大同小异。元宵节的形成和发展，很能说明这一问题。汉武帝迷信佛、道，按方士奏请，特地修建了“泰一”坛，祭祀“泰一”神。一次因久病不愈，召巫师请“泰一”神接见。当武帝听说自己病情不重，不久还能和“泰一”神相会时，精神大振，很快就恢复健康了。就在甘泉宫修建“泰一”祀坛，正月十五张灯结彩，通宵达旦祭祀“泰一”神，就此形成了正月十五张灯结彩习俗的一个重

要来源。穷奢极欲的隋炀帝，更是在皇城端门外，绵延八里之地，搭建戏场，到正月三十才结束，光演员就接近三万人。唐玄宗则更胜一筹，他下旨制造出了“灯树”、“灯楼”。下令距洛阳三百里之内的官员，率领文艺团队赴京，举行文艺汇演，供他和皇后妃子观看。至宋代，夸财斗富、铺张挥霍之风达到极盛。宋徽宗放鳌山灯长达48天。

其次，汉代节日的形成，又与当时科学、宗教和儒家思想的发展有不可分割的联系。汉初制定的《太初历》就为节期的确定打下了基础，并进行了某些科学解释，如对晦（农历每月的最后一天）、朔、望和二十四节气的解释等。战国邹衍的五行学说，以木、火、土、金、水五行配方位和时序，以五行顺则相生、逆则相克来解释历史，形成五德始终说。秦汉随之沿袭，汉初董仲舒又倡导“天人感应”说，散布皇帝是“天子”（天神之子），是代表神来统治万民的。凡是出现祥瑞，就是天降福于民；凡发生灾异就是天对凡人的警告和惩罚，如日食、月食、地震等。从而产生了预测天意的谶（chèn）纬之法，形成一套神学体系。这种神学体系对节日有

甘泉宫赋

老鼠娶亲年画
李新吾 供图

重要影响，阴阳五行家把迷信禁忌划分到一年的四时八节、二十四节气中，提出一套岁时迷信顺序，这些又为儒家所吸收。儒家的核心思想是“仁”和“礼”。“仁者爱人”，儒家以仁为最完美的道德，为了达到仁，孔子主张恢复“周礼”，以维护上下尊卑等级秩序，体现伦常孝悌。《礼记·檀弓下》记载颜渊与子路的对话中，就有扫墓、拜墓的描写。秦汉时，上坟扫墓是清明节最重要的活动，并且注入了礼俗的内容。这些活动既表现了人们念祖崇宗、慎终追远的深深情思，也是提倡父慈子孝、兄友弟恭，巩固家族关系。于是一些重大节日归入经典，上升为礼俗，使内容更加丰富，仪式也更加烦琐。

3. 融合期。魏晋南北朝至隋唐时期，是传统岁时节日发展的融合期。一方面是继承了汉代节日的基本习俗活动，保持了节日文化的连续性；另一方面，又是中华各民族文化

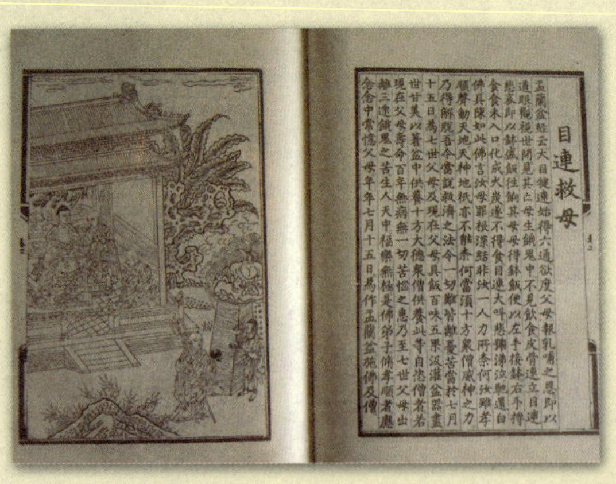

目连救母

打马球

大交流、中外文化大交流的时代，这样又促进了节日文化的融合和发展。如清明节的曲水流觞、重阳的饮酒赏菊等，就是节日新俗。同时，宗教对节日也有很大影响。如道教提倡阴阳信仰，奇数为阳，象征光明、有力、兴旺。节日中多取月与日都为相同的阳数，如正月初一、三月三、五月五、七月七、九月九。七月十五的中元节，既是道教节日，又是佛教节日。道教认为，此日地官下界，定人间善恶，于是道观作斋醮荐福。佛教则是为追荐祖先而举行，即“目连救母”。这个故事几乎家喻户晓，说的是目连的母亲生前为富不仁，死后在地狱受难，与饿鬼为伍。目连修成罗汉后，决心救母亲脱苦难。在佛祖释迦牟尼的指引下，他设百味果，供养十方僧众，母亲才脱离饿鬼之中，升入天堂。后来发展成戏剧，在我国民间广为流传。

4. 丰富期。到了宋代，传统岁时节日内容更加丰富，涌现出一些新的特点，主要表现在宗教迷信的成分减少，演变出更多的礼仪性、娱乐性文化活动。如原为驱鬼的放爆竹，此时已完全变成欢乐热闹的娱乐；驱傩在唐代已有变化，至宋代已由原来的驱鬼巫术基本演变成一种民间小戏；中秋节的祭月，开始变成赏月活动；放风筝已由原来的放晦气，变成了健身娱乐活动；上巳节则由原来的求子和野合发展为春游和踏青。在各种节日中，也不断增加一些相同的娱乐活动，如拔河、荡秋千、射箭、斗草、赛马等。节日内容日益丰富，传统岁时节日发展到一个新的高峰。

明清以后，我国传统岁时节日变化不大，基本上处于停滞、保守状态，有的甚至还衰退了，有些习俗已经失传或处于很冷清的状况，当然也有某些习俗的兴盛程度超过宋代。

二、民俗节日的社会功能价值

（一）典型的民俗节日是一种元典文化

新的《全国年节及纪念日放假办法》，增加了清明、端午、中秋这三个民俗节日，这是此次修订的一个重要特点和亮点，即重视优秀传统文化。使节日结构较为合理，公民的精神生活更加丰富，可说是元典文化的一次胜利。

笔者之所以将此次增加的三个民俗节日称之为元典文化，是在更高层次上的概括。主要在于，现在一般是将文化分为雅文化和俗文化两部分。长期以来一种错误观念就是，俗文化是粗俗的，不能登大雅之堂，因而一直受到歧视和排斥。与之相对，笔者赞成另外一种文化分类，即经典文化和普通（或一般）文化。这是基于文化的功能和价值的分类。当然，文化如果按时间来看，还有古代、近代和现代之分；按文化树形理论，则有根本、主干和枝叶之分。按照以上几种分类，元典文化则指从时间上看居于文化的源头，属于文化的根本；从功能和价值来看，则是对一个民族产生重大影响、体现民族性格和地域特色的经典文化。总之，元典文化具有两个根本特征：一是它的源头根本性；二是它的重大价值和经典品性（有的经典文化是后起的，就不能称之为元典文化）。清明、端午、中秋这三个民俗节日，其中起源最迟的中秋节最少也有千余年的历史，并且都有丰富的文化内涵，对中华民族性格产生了重大影响。而在长达千年的文明中一直没有中断，就足以体现它们的顽强生命力和重大价值品性。

调整前的《放假办法》结构不太合理，对优秀传统文化不够重视。只有春节被列入假日，而中国各民族节日加起来不会少于800个，其中许多民俗

节日游园

节日具有丰富的文化内涵和较大功能价值。因此，以前的放假办法，对公民继承祖国优秀的传统文化、展现优良民族性格和培养健全人格都有不同程度的缺失和妨碍。一个节日只有得到民众的普遍认同，并且能身体力行才是最有生命力的，也才能体现其价值。

（二）民俗节日的社会功能价值

在当今经济全球化的世界体系中，各国都逐渐认识到文化的重要性，发展中国家都希望文化的多样化，都尽可能地保护本国文化不被蚕食和同化。而在保护本国文化中，又更注重保护传统文化。因为一个没有传统的民族是一个可悲的民族，而一个不懂得珍视、传承和发扬自己优秀传统的民族则是一个无知和没有希望的民族，这样的民族就很有可能迷失方向，最终可能会在激烈的经济、文化、军事等竞争中消融自己的文化而不能自立。中国文化基本可以说是一种和谐文化。胡锦涛总书记在十七大报告中指出："和谐文化是全体人民团结进步的重要精神支撑。"而民俗节日具有丰富的和谐文化内涵，民俗通过生活事象来表现文化，其中一个重要途径就是，当它转化

帝尧

成日常生活或日常表演时，才会使人可感可触、生动形象。可是如果没有适当的节日将民俗事象加以集中，那么它可能就隐藏在生活的背后，或分散在生活各处，这样人就不易感受，也不会形成力量，而集中显现才使人可感可触，民俗节日就给人提供了这样的机会。

1. 民俗节日以情为纽带显示了团结的力量。它展示了浓浓的乡情、友情、亲情或爱情。如清明节祭拜祖先、缅怀先烈，历代还对黄帝等中华民族始祖举行“国祭”。中华民族“家”的意识非常强烈，“每逢佳节倍思亲”，特别是临近春节时，拥挤不堪甚至水泄不通的车站、码头都是四面八方赶回老家过年的人群。此次增加的三个假日中，都包含了浓浓的情：清明节也是某些少数民族的恋爱节；端午节是已婚女儿回娘家，已订婚的小伙子去岳母家拜节；而向河里抛粽子祭屈原则是善良之举；中秋则是团圆节，人间月半天上月圆，希望家家都能团圆。于是，中华民族通过节日活动增进了邻里和睦、亲友感情。

龙舟节时挑着粽子等礼物走亲戚

舒燕摄于贵州台江县施洞镇

2. 民俗节日以感恩为基础加强公民道德建设。中国有句古话："滴水之恩，当涌泉相报。"清明节就有浓浓的感恩色彩。由于晋文公意外地烧死了隐居绵山、不愿受封的介子推，于是非常悔恨，就号令臣民禁火、寒食一天，以示感恩。而祭祖、缅怀先烈也有感恩成分。中国既有"有仇不报非君子"的告诫，更有"有恩不报枉为人"的教导。如果外国人都知道中华民族都怀有一颗感恩之心，他们也更会愿意与中国人民进行政治、经济、文化等各方面的交流与合作，中国也更容易走向世界，从而促进共同进步。如果人人都知道感恩了，道德素质就会提升一步，那么就能够更好地和睦相处，这个世界也就会更加美好。

3. 民俗节日以体育活动为扩散加强爱国主义教育。划龙舟能强身健体，增强团结，它积淀了浓厚的爱国热情，更是进行爱国主义教育的很好方式。这项活动如果能推广到有水系的所有地方，那么一定会增加爱国之情。其他如春节期间的舞龙灯、舞狮子等，也是集体活动，集武术、技艺、娱乐为一体（中国武术非常讲究武德），具有多种爱国文化因素和实用价值。其他许多民俗节日都具有健身作用。

4. 民俗节日以神话唤起科学研究的联想。中秋节的嫦娥奔月、吴刚伐桂，尽管是上古神话，其他如千里眼、顺风耳，三国中的流牛木马等传说，尽管神乎其神，但中国人一直认为这是可以实现的，也一直不断在进行着艰苦的探索，有的神话传说已经变成现实。2007年的"嫦娥一号"探月工程，不能不说是神话唤起的联想在科学上的很好实现。外国也有一些人认同神话对科学研究的巨大作用。

一句"月是故乡明"，彰显了对家乡的无限热爱和思念；一曲《我的中国心》，烙上了永不磨灭的不忘始祖、不忘根本的中国文化印迹。中华民俗节日具有巨大的功能和价值。它们是一种价值观，所有中华儿女都认同这种崇祖孝亲、尊老爱幼、团结协作、爱国奉献的价值观；它们是一种凝聚力，

侗族过年“抬官人”

所有中华儿女都拥有这种价值观后，就能凝聚成一种巨大的精神力量，精神力量还会转变成巨大的物质力量，两者会产生强大的互动作用，从而推动中华民族的腾飞。

总之，我们要传承好我们的传统节日，保护好包括民俗文化在内的所有中华优秀文化，因为它们饱含着丰富厚重的文化精髓，是中华民族前进航向中的灯塔和借鉴。而传承好传统节日，在一定程度上也就是养护我们的民族之根。

贰

共欢新故岁，迎送一宵中

——春节

晋北春节旺火
卫才华 摄

一、春节的起源

（一）春节的形成

春节，是辛亥革命后的名称，民间通常像过去那样仍然叫“年”。作为节日已经有二千多年了。

但“年”起初只是一个时间概念，它最初是根据农作物生长周期而逐步认识的。《说文解字》中，对“年”最初的解释是“谷熟也”；《谷梁传》解释为“五谷皆熟为有年，五谷皆大熟为大有年”。“年”的名称出现也比较晚，据《尔雅》记载，对“年”的称呼，尧舜时称之为“载”，夏代称之为“岁”，商代改“岁”称“祀”，周代才称之为“年”。至于春节或年作

新年图
清代佚名氏作品

为节日则形成于汉代。在这之前，中国战乱频繁，四分五裂，虽在丰收时偶有庆贺，却不能演变为普遍的节日。到了汉初，由于社会比较稳定，经济日趋繁荣，人们开始追求丰富多彩的生活，同时，历法的定型也是春节形成的重要条件。要把“年”变成节日首先必须确定时间，而中国古代经常改朝换代，每位开国天子为了显示自己“受命于天”，都要“改正朔，易服色”，即改动月份的顺序，确定哪个月份为岁首。据《史记·历书》记载，夏、商、周三代的历法分别以当今农历的正月、腊月、冬月为岁首。秦代改用颛顼（zhuānxū）历，以今之农历十月为岁首。由于经常改历，历法很不准确，出现了错乱现象：有时候月底和初一就见到月亮，有时候初七、初八和二十二、二十三，月亮又圆了，而十五的月亮则不圆。于是太初年间，汉武帝命司马迁、落下闳、邓平等人修改《颛顼历》，仍以夏历的正月为岁首（所以民间至今把阴历又称为“夏历”），并把二十四节气订入历法，这就是《太初历》。从此以后，

颛顼

除了王莽、魏明帝、武则天、唐肃宗为时很短的改岁首和历代稍有修订之外，《太初历》一直沿用了两千多年，直到清末。随着年历的确定，春节或年的日期就固定下来了。尽管汉代对年等节日处于草创阶段，但已经出现了一系列饶有风趣的民俗活动。

（二）立门神与“逐傩”

汉代是一个巫术观念非常兴盛的朝代。汉代先民尤其畏惧疫疠和恶鬼。为了能平安过年，欢度佳节，首先就要防止鬼进入家里，于是就削桃木做成神荼（shū）和郁垒的形象，立于门上。神荼和郁垒为什么能防鬼呢？据《山海经》及汉代应劭《风俗通·祀典》引《黄帝书》记载：上古之时，在东海的度朔山上，有一棵树枝覆盖三千余里的桃树，在树枝的东北方有一鬼门，是世间鬼怪出入之门。有玉帝所派的神仙兄弟二人，名叫神荼和郁垒把守这道门，见到害人之鬼，就用芦苇索捆缚，让老虎吃掉。因此每到除夕人

门神神荼与郁垒

们便做二神形象立于门上“以御凶”。但这样尚不能把恶鬼疫疠驱除干净，因而还要举行“逐傩”（nuó）。它起源于原始的巫觋（xí）之舞，从西周到春秋战国，在民间一直长盛不衰。据《后汉书·礼仪志》记载，汉代的“大傩”规模异常浩大，文武百官都要参加，仅参加的卫士就有七八千人。最后将恶鬼疫疠送至洛水，将之永远镇压于水底。其场面气势磅礴，又使人毛骨悚然。

（三）守岁与放爆竹

相传，中国古时候有一种叫“年”的怪兽，似牛似龙，头上长着一只角，凶猛异常。“年”长年深居海底，每到除夕才出海上岸，吞食牲畜，伤害人命，但它也怕红色和爆竹。因而过年时人们的心情是忧乐兼有。为了平安度过除夕夜，吃过团圆饭后，家家户户或者四门紧闭，一直坐到天亮；或者扶老携幼逃往深山，以躲避“年”兽的伤害。

有一年的除夕，桃花村的人们正扶老携幼上山避难，乡亲们有的封窗锁

守岁

门，有的收拾行装，有的牵牛赶羊，到处人喊马嘶，一片恐怖慌乱景象。这时，从村外来了个乞讨的老人，只见他手拄拐杖，臂搭袋囊，银须飘逸，仙风道骨。可谁还有心思和时间关照这位乞讨的老人呢！

除夕守岁

只有村东头一位老婆婆给了老人一些食物，并劝他快上山躲避“年”兽，那老人摸着胡须笑道：“婆婆若让我在家待一夜，我一定把‘年’兽撵走。”老婆婆还是劝他快走，乞讨老人笑而不语。婆婆无奈，只好撇下家，上山避难去了。

半夜时分，“年”兽闯进村。它发现村里气氛与往年不同：村东头老婆婆家，门贴大红纸，屋内灯火通明。“年”兽浑身一抖，怪叫了一声，朝婆婆家怒视片刻，随即狂叫着扑过去。将近门口时，院内突然传来“砰砰啪啪”的炸响声，“年”浑身战栗，再不敢往前凑了。原来，“年”最怕红色、火光和炸响。这时，婆婆的家门大开，只见院内一位身披红袍的老人哈哈大笑。“年”兽大惊失色，狼狈逃窜了。

放鞭炮

第二天大年初一，避难回来的人们见村里安然无恙，十分惊奇。这时，老婆婆才恍然大悟，赶忙向乡亲们述说了乞讨老人的许诺。乡亲们一齐拥向老婆婆家，只见她家

放鞭炮
鹤壁民俗
文化节摄影展

门上贴着红纸，院里一堆未燃尽的竹子仍在“啪啪”炸响，屋内几根红蜡烛还发着余光……大家觉得那位老人一定是神仙，是来向大家传授驱赶“年”兽办法的。

这件事很快在周围村里传开了，人们都知道了驱赶“年”兽的办法。后来也就逐渐发展成守岁的习俗。

放鞭炮
选自《吴友如画宝》

当雄鸡报晓时，家家户户开始了迎接新年的礼仪。其一就是用火烧竹竿，发出“噼噼啪啪”的响声。据《神异经》和《荆楚岁时记》记载，当时的人放爆竹是为了“辟恶鬼”山魈。山魈是居于西山深林里只有一尺多高和一只脚的恶鬼，人一旦撞上它，就会生大病。但这种鬼最怕爆竹声，于是震耳欲聋、响彻四方的爆竹声，既能驱鬼，又增添了不少节日的喜庆气氛。宋代又发明了焰火和鞭炮，将天空装扮得五颜六色，大地变成了满地红。

二、春节风俗的基本演变

（一）立门神与“逐傩”风俗的演变

1．立门神等风俗的演变。立门神到魏晋南北朝以后，又演变成把仅写有神荼和郁垒名字的桃木板挂在门上，称之为“仙木”或“桃符”。王安石有一首《元旦》诗：“爆竹声中一岁除，春风送暖入屠苏，千门万户曈曈（tóng）日，总把新桃换旧符。”就是写的桃符驱鬼习俗。汉魏至唐初在门上悬芦苇索、以桃木板画神荼、郁垒作门神之风俗，到唐末五代时又演变为以钟馗作门神 。据《唐逸史》及沈括《补笔谈》记载，开元年间唐玄宗因病卧榻一个多月，一次梦见一大一小两个鬼。当小鬼想盗走杨贵妃的紫香囊和玄宗的玉笛时，被身着蓝裳、袒露一臂的大鬼捉住，并将小鬼的眼睛挖出来吃掉了。这个大鬼就是往日考武举不中的人钟馗，钟馗发誓要为明皇扫除天下妖孽。玄宗惊醒后病也好了，就诏令吴道子按梦中所见形象作画，作为门神以靖妖祛魅。唐代张说、刘禹锡等也写有感谢别人为自己画钟馗画像的文章。沈括《补笔谈》记载，北宋神宗熙宁五年（1072年），皇帝命画工模拓吴

桃符

钟馗捉鬼

道子所作的钟馗像用以印制。可见五代至北宋时，贴钟馗像作门神已成习俗。宋代画钟馗像时，还在旁边画一位女子，说是钟馗的小妹。但是，把钟馗当门神不久，其地位又升高了，不便再劳驾他看守门户，他就被挂进了中堂。也许只他一人不能守门的两边，于是到了宋末，又让位给秦琼（叔宝）与尉迟恭（敬德）。据《三教搜神大全》记载，唐太宗李世民因魏征梦中误斩龙王而久病不愈，晚上龙王魂灵总在寝殿外呼号讨命，抛砖摔瓦，弄

钟馗门神

门神秦叔宝

门神尉迟恭

贴门神
《北京风俗图谱》

得太宗异常惊恐。他将此事告知群臣，秦琼与尉迟恭自告奋勇，晚上站立门外守夜，果然这一夜平安无事。但是皇上也不忍夜夜烦扰两员大将，于是命令画工画上两人的肖像，挂在寝门两旁，也能起到同样作用。后来渐渐传到民间，终于取代钟馗，作了门神。到了明清及民国又有用历代名将作为门神的，如关云长、张飞、岳飞、岳云等，但仍以贴秦叔宝和尉迟恭画像的居多。不论何种门神，都色彩艳丽，威风凛凛。

由于门神风俗的影响，加之社会经济文化的发展，印刷术的兴起，到了唐末宋初时又出现了贴年画和春联的新风俗。年画与门神关系极为密切，门神既能驱凶避邪，又有装饰观赏价值，于是木版年画也就跟着产生了。现存最早的木版年画是宋版的《随朝窈窕呈倾国之芳容》，画的是王昭君、赵飞燕、班姬、绿珠，习惯上称之为《四美图》。到了

随朝窈窕呈倾国之芳容

山东潍坊
杨家埠年画

明末清初，已出现了以三大派为主的民间木版年画，即天津的杨柳青、苏州的桃花坞和山东的潍县。此外，北京、四川、广西、上海及西北一带的年画，都各具特色，五彩缤纷。

2. “逐傩”风俗的演变。就驱傩来说，虽然上承汉制，其内容却时有更新。《魏书·礼志》记载，高宗和平三年（公元462年），北魏借除夕驱傩仪式进行军事演习，让步兵与骑兵全副武装，两军对垒，变化种种阵势，以达到耀兵扬武之目的。到了唐代，驱傩演变成傩戏，增添了更多的娱乐成分。民间驱傩仪式，自宋代至明清一直很兴盛，而且不断发展变化，如“跳灶王”、“跳钟馗”等，但宫廷驱傩基本承袭古制。至于目的和愿望都一样，都是为了驱除恶鬼瘟疫，但含义和形式又有较大变化。这取决于时代的变化和人们对待鬼神的态度方法。人们对待鬼神一般有三种方法：①消灭；②驱除；③敬奉。大体来说，秦汉以前，对待恶鬼，一般采取消灭的态度。魏晋

湘西辰州傩戏
《判官点兵》
谭善祥 提供

南北朝时期，则想方设法驱逐之，使得它们远离人群。隋唐以后，人们变得较为宽容和文明，认为人、神、鬼也可以共处人间，共享欢乐。这样，傩的形象也改变了，由起初的凶神恶煞，变得既可畏，也可敬可亲。于是很多地方贴上了傩公傩母像，由驱傩演变成傩戏，虽然他们的样子还显得有些狰狞，但已经不太阴森可怕了。因为人们已经知道，只要能满足其要求，他们就不会害人了，并且还会保佑一方平安。于是有些地方出现了“还傩愿”的宗教仪式，人们向傩公傩母诉求，以期得到他们的保佑。这在湘鄂川黔边区的苗族、土家族和侗族地区至今还很常见。凡是碰到人口不安、六畜不旺、五谷歉收、财运不佳、瘟疫肆虐以及其他灾厄怪异现象，就请巫师主持法事，占卜吉凶，向坛上的傩公傩母敬献牲畜，请求傩神显灵，解厄消灾，许愿事后一定再行酬谢。供品一般为酒肉、糍粑、糖果、香烛、纸钱，并且要演傩戏以娱神。

（二）守岁及迎新年风俗的演变

魏晋至隋唐五代时期，守岁是最受重视的风俗。据周处《风土记》描述：“除夕达旦不眠，谓之守岁。”为了让家家享团圆之夜，有的地方甚

迎年图
民间年画

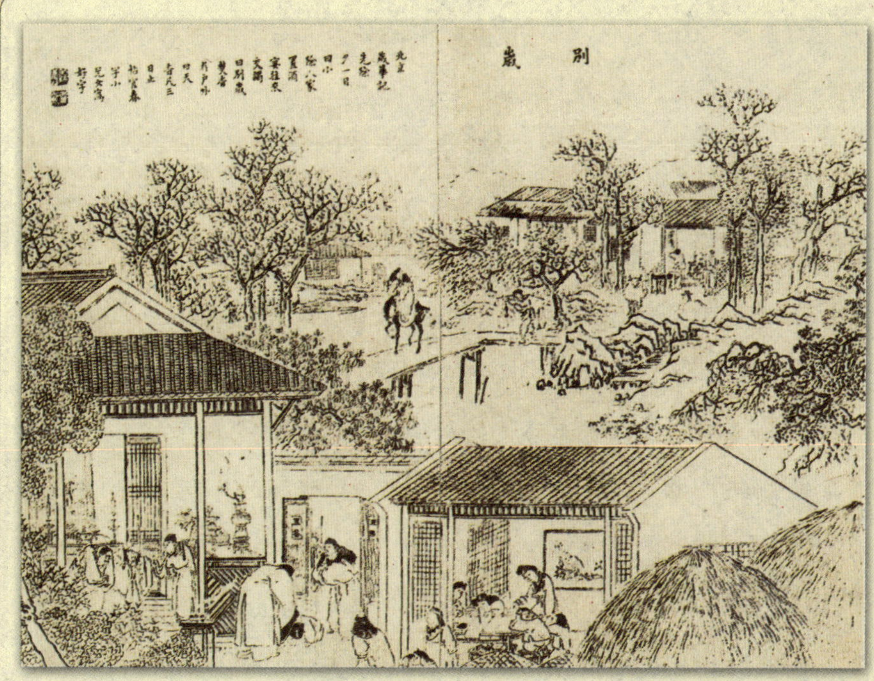

别岁
《点石斋画报》

至还放犯人回家过年团聚。如《晋书·曹摅（shū）传》记载他任临淄县令时，《华阳国志》记载王长文为江原县令时，都曾下令放所有的犯人回家过年，结果过完年后，他们都自动回到狱中。《南史·谢方明传》记载，谢担任晋陵太守时，到除夕，将囚犯无论罪轻罪重，全部放回家，没有一个逃跑的。类似的记载还很多。当然，对这些不可全信。但也说明了当时的人重视守岁、合家团圆的风俗。

恭贺新禧

隋唐时，守岁之俗尤其盛行。据说隋炀帝时，宫廷用沉香、檀木做篝火照明，火焰冲天，香闻数十里，仅一夜就要烧掉这些珍贵木料

200多年。唐代也是如此，宫中守岁，大摆宴席，君臣作诗。唐太宗曾有三首《守岁》诗流传下来，其一云：

暮景斜芳殿，年华丽绮宫。寒辞去冬雪，暖带入春风。

阶馥舒梅素，盘花卷烛红。共欢新故岁，迎送一宵中。

唐代守岁时的应制诗，汗牛充栋，大都空洞无物，但展现了一片歌舞升平气象，也宣泄了各人的感情，其乐融融，也无可厚非。守岁还有珍惜和守住时间的意思。韦庄曾作守岁诗《岁除对王秀才作》，发无限感慨：

我惜今宵促，君愁玉漏频。……到明追此会，俱是隔年人！

南北朝时期，又出现了除夕夜“乞如愿”的习俗。它起源于一则神话。据《荆楚岁时记》引《录异记》及《云仙杂记·如愿》记载，卢陵有一位名叫欧明的商贾，每次经商路过彭泽湖，都要祭祀湖神青洪君。如此数年，感动了湖神。一天，湖神站立水面问他：“君有何求?”欧明答道：“但乞如愿。”本来他的意思是乞求万事如意，可巧的是湖神有一侍女名字就叫如愿。湖神就答应了他这个要求。欧明将如愿带回家中，真是事事如意，样样如愿。可是有一年大年初一，如愿起床晚了些，欧明就雷霆大怒，将如愿痛

拜年
《点石斋画报》

打了一顿。如愿在气恼中躲进了粪土堆中，欧明就用钱杖敲打粪土堆，请求如愿回来。可如愿还是没有回来。乞如愿的习俗注入新年习俗中，寄托了人们希望万事如意的美好愿望。现在春节期间当面拜年及手机短信中，“万事如意”也是必不可少的。

大年初一，就要相互拜年。百官要先向皇帝朝贺，皇帝则赐给群臣美酒等物。《酉阳杂俎》记载，南朝梁代时，每到大年初一，皇帝就要赐给群臣三样东西：一是岁旦酒，以示新年祝贺；二是辟恶散，以防疫疠；三是却鬼丸，以挡恶鬼。整个南北朝时期，每逢过年，宫廷总是大肆铺张，并用诗歌点缀太平。如“隔江犹唱后庭花”的陈后主，在一年的大年初一也写诗自我标榜：“至德掩羲皇，成功迈禹汤”。

唐代国力强盛，经济繁荣。唐太宗《元日》诗中宣称自己：“恭已临四极，垂衣驭八荒”。同样，初一也有许多应制诗，主要是描绘朝会规模的盛大和隆重，颂帝王之德，歌盛世之业。如“百灵侍轩后，万国会涂山，岂如今睿哲，迈古独光前。声教溢四海，朝宗引百川”（魏征《奉和正旦临朝应诏》）；“德兼三代礼，功包四海图”（岑文本《奉和正旦临朝》）……

隋唐以后，春节娱乐活动越来越丰富多彩，春节的时间也延长了。有的地方从腊月下旬到几乎整个正月，都处于过年的欢乐气氛中。许多活动如敬神、祭祖、送灶神、迎财神、走亲、唱戏、舞龙、耍狮等，它们一起构成了一副中国春节独特的人神共乐图。

祭祖　选自清孙温绘《红楼梦全本》

耍狮子

三、春节其他主要习俗

（一）祭灶王菩萨

腊月二十三或二十四又称“小年”，是民间祭灶的日子。为什么要在这时祭灶呢?因为灶王菩萨要上天向玉皇大帝报告每家的善恶功过。据晋葛洪《抱朴子》所说，灶王上天言人间罪过，罪过大的人要减寿三百天，最轻的也要减寿三日。

人们怕他说坏话，就必须用好吃的东西祭祀他，以便堵住他的口，故灶王菩萨神像的两旁一般都写有这样一副对联:“上天言好事，落地降吉祥”。民谣中“二十三，糖瓜粘”，指的就是每年腊月二十三或二十四日的祭灶。关于祭灶的时间，又有所谓“官三民四船家五”的说法，也就是官府在腊月二十三，一般百姓在二十四，船家则在二十五日祭灶。

灶君像
张勃 摄

民国以前，差不多家家灶房都设有“灶王爷”神位 。人们称这尊神为“司命菩萨”或“灶君司命”，通常老百姓都叫他“灶王爷”或者“灶王菩萨”。传说他是玉皇大帝封的“九天东厨司命灶王府君”，负责管理各家的灶火，是一家的保护神从而受到崇拜。灶王神龛大都设在灶房的北面或东面，中间供上灶王爷的神像。没有灶王神龛的人家，就把神像直接贴在墙上。有的神像只画灶王爷一人，有的则有男女两人，女神被称为“灶王奶奶”，说是玉帝的小闺女。

祭灶，是一项在中国民间影响很大、流传极

贴灶神像，祭灶神
张勃 摄

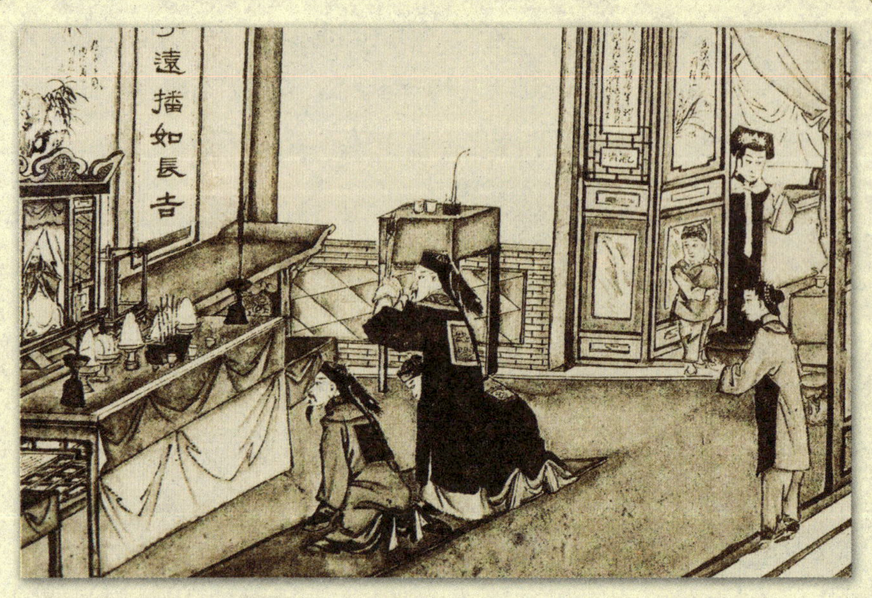

黄羊祭灶

广的习俗。祭灶时将旧灶王像揭下来，换上新像。北方一般在腊月二十三用麻糖（或者麦芽糖，也叫关东糖）祭灶。麻糖是一种含糖很高的糖食，其特点第一是甜，第二是粘牙。其目的就是让灶神没法儿开口说话，即使说话，也是说好听的话。另外一种祭祀食品则是酒糟。据宋孟元老《东京梦华录·十二月》记载，是“以酒糟抹灶门，谓之‘醉司命’”，就是把灶王爷弄醉，免开尊口。但这样做也不太保险，也许灶王爷会醉得胡说八道。

山东胶东地区则说“灶王老爷本姓张，一年一碗烂面汤”。其来历是，灶王生前就叫张郎，经商发财后就把妻子丁香休了。后来家庭衰败，自己也双目失明，他讨饭来到前妻家里，前妻在给他吃面条的碗里特意放了一只簪子和一个荷叶首饰，想真心帮他。他知道真相后，羞愧难当，无地自容，就一头钻进了锅底下，不肯出来。后来就憋死在里面了。玉皇大帝念在和他同姓的分上，就糊里糊涂封张郎做了灶王。后来人们就在每年腊月二十三这天，给灶王上供一碗烂面汤。有的地方，女人是不祭灶的。俗语有“男不拜月，女不祭灶”的说法 。据说，灶王爷长得像个小白脸，怕女的祭灶，有“男女之嫌”。

其实祭灶的习俗起源很早。早在夏代，灶王已经是民间所尊奉的一位神了。《礼记》中已有记载，最早的灶神是身兼火神的炎帝或者祝融；《庄子·达生》记载：“灶有髻”。司马彪注释说：“髻，就是灶神，穿着红色衣服，像美女那么漂亮。”民间相传，髻是一种虫，常栖于灶上，俗称“灶马”或“灶鸡子”。《抱朴子·微旨》中又记载：“每月最后一天的夜晚，灶神上天禀告人间罪状”。这些记载，大概是祭灶神的来源吧。还有说灶神是钻木取火的“燧人氏”；或说是神农氏的“火官”；或说是“黄帝作灶”的“苏吉利”；或说灶神姓张，名单，字子郭。众说不一。

在祭灶七日后的大年三十晚上，灶王爷便带着凡间每家每户该受的吉凶祸福，与其他诸神一同来到人间，因此除夕之夜必须“接神”、“接灶”。灶王爷被认为是为天上诸神引路的，其他诸神在过完年后再度升天，只有灶王爷驻留在人间的灶房内。接灶仪式较简单，只要换上新灶灯，在灶龛前燃香就算完事了。

在祭灶时，人们也较讲究吃。北方民间喜欢吃饺子，取意“送行饺子

祭祀灶神

迎风面”。山区多吃糕和荞面。晋东南地区，流行吃炒玉米的习俗，民谚有“二十三，不吃炒，大年初一一锅倒”的说法。人们喜欢将炒玉米用麦芽糖黏结起来，冰冻成大块，吃起来酥脆香甜。

（二）一年将终贴春联

春联是中国大部分民族及海外华人所独有的文化现象，由于它形式对称、讲究平仄、意蕴深刻又红艳夺目，因而深受中华民族的喜爱，并且在海外也享有很高声誉。不过春联并非春节起初时就有，而是后来慢慢兴起的。据说我国第一副春联为后蜀国君孟昶所写，其内容为：“新年纳余庆，佳节号长春”。此联写在“桃符”上，挂在门的两边。朱元璋建立明朝后，春联得到了极大的普及。他下令王侯公卿、平民百姓，除夕之日，每家每户都要贴上春联。不过，这时的春联已经是写在红纸上了。还传说有一年朱元璋在除夕夜私下出巡，见到有一阉猪匠的大门上还没写春联，于是兴致勃勃，挥动御笔写下了一副气势磅礴、贴切生动的对联：“双手探开生死路，一刀斩断是非根”。不过这种说法不太可信，因为这副对联内容上没有丝毫春节意蕴，而是杀气腾腾，如果作为匠人的商业广告倒使人相信。

贴春联

对联有许多有趣的故事，试举两例如下：

其一，“养猪大如山，老鼠头头死；酿酒缸缸好，做醋坛坛酸。”

一位贪婪吝啬的员外之家贴了此副对联。一位秀才见到后就玩起了恶

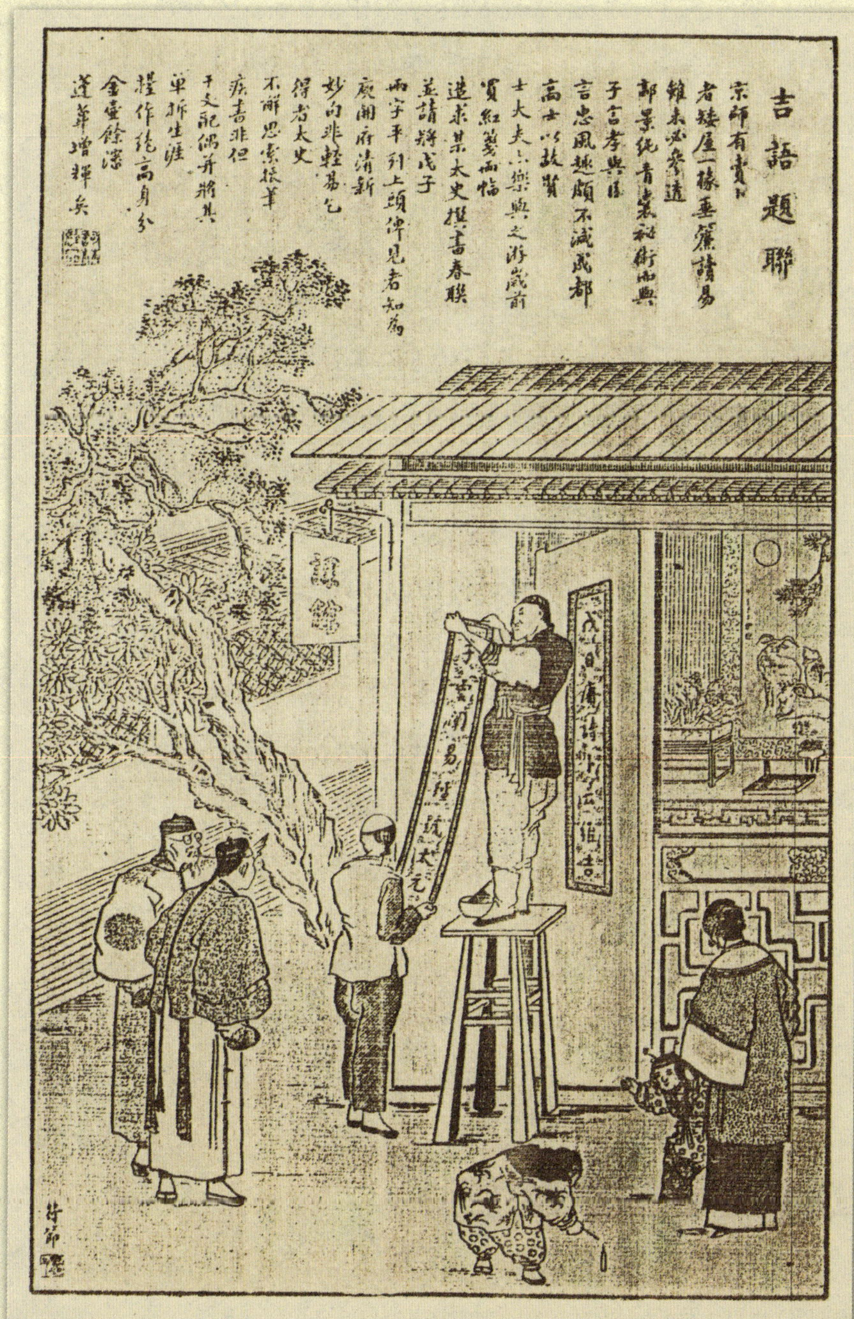

吉語題聯
京師有賣卜
者矮屋一椽垂簾請易
雖未必參透
邵堯夫青囊秘術而與
子言孝與臣
言忠風趣頗不減成都
高士以故賢
士大夫亦樂與之游歲前
買紅箋兩幅
造求某太史撰書春聯
並請將戊子
兩字平列上頭俾見者知為
庾開府清新
妙句非輕易乞
得者太史
不假思索振筆
疾書非但
干支配偶并將其
單拆生涯
擡作絕高身分
金壺餘瀋
遂并增輝矣
符節

吉语题联

作剧，他用毛笔在对联上点了几下，将对联作了不利于员外的断句，变成了“养猪大如山老鼠，头头死；酿酒缸缸好做醋，坛坛酸”。员外见到改动的对联，气得差点翻了白眼。

其二，“父进士，子进士，父子两进士；婆夫人，媳夫人，婆媳皆夫人。”

此联描述的是一户富有诗书的高官之家。但是也有一位秀才将其中的一些字添了笔画，变成了“父进土，子进土，父子两进土；婆失夫，媳失夫，婆媳皆失夫”。本来父子俩是为了炫耀自己富有诗书的高门大户气势才写下此联的，结果弄得他们一家都悔青了肠子，父子俩几乎真的要“进土”了。

春联一般总是与春节的热烈喜庆气氛和春天的气息紧密相连，抒发了人们的美好情感，寄托着人们对美好生活的向往和依恋。以下的春联即是如此：

爆竹一声贺岁去，梅花万朵迎春来。

天增岁月人增寿，春满乾坤福满门。

春山春水春意浓，春色醉我；新天新地新景象，新风宜人。

新岁雪晴，祖国红梅争怒放；故园春满，台湾紫燕好归来。

2009年春节联欢晚会上联家呈献的四副春联是：

1.春融百族大联欢俏春犹俏，岁启九州新画卷牛岁更牛。（普天同庆）

2.火树银花醉良宵莺歌动地，国泰民安逢盛世牛气冲天。（四海同春）

3.五福临门燕喃和谐春暖意，八方凝爱牛耕锦绣世情浓。（放飞希望）

4.金牛送福绿柳迎春盛景当惊世，鼓乐和鸣龙狮劲舞神州并举杯。（祖国长青）

（三）倒贴“福”字防祸患

过去的春联常常将“福”和“寿”连在一起，如全国各地最常用的祝寿春联：“福如东海长流水，寿比南山不老松”。

由于明朝时春联的普及，有的人也就用春联讽刺他人和时政了。有一

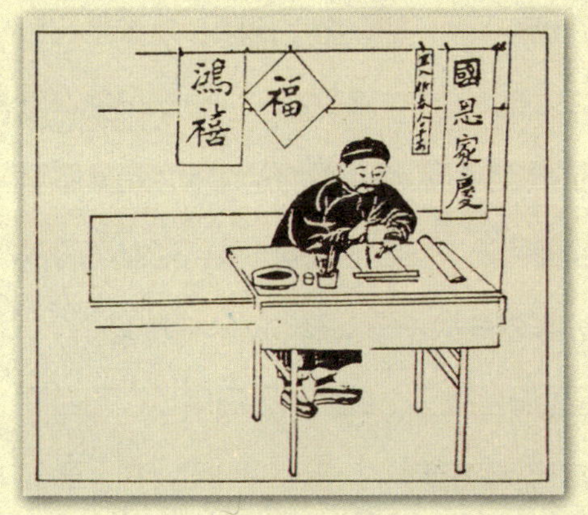

卖春联

年春节，京城有人写了讽刺马皇后大脚的春联，朱元璋看见后非常生气，可是又查不出是谁写的，于是决定把出现这副春联的附近人家全部杀光。没有列入屠杀范围的标志是门上“福”字倒贴的人家，原来朱元璋命令手下人将没有嫌疑的人家门上的“福”字全部倒贴过来了。可是马皇后非常仁慈，但又不能违反皇上的旨意，于是就吩咐手下的亲信，将这副春联附近人家的门上的“福”字全部倒贴过来。御林军随后赶到，可是全部傻眼了，因为家家户户门上的“福”字全部倒贴过来了，不知道杀谁，只得回去复命。朱元璋知道这是皇后的仁慈表现，也就不再追究了，反而更加疼爱马皇后，在治国施政时也就更加听取她的意见。马皇后去世后朱元璋也没有再立皇后。这对于一个封建皇帝来说是非常难得的。

现在许多地方人们仍然是将“福”字倒贴，可说是这种避祸求福心理的继续，同时“倒”和“到”同音，喻示着“福到了”的意思。不过在有些地区，人们大都是将“福”字正贴着，一种说法是怕被别人说自己没文化。

（四）万年创建“万年历”

我们现在为什么把日历又叫做“万年历”呢？这是有来历的，据说这是为了纪念日历的创建者——万年。相传古时候，有个名叫万年的小伙子，看到当时节令很乱，就想把它定准。终于有一天，他在山上砍柴，累了坐在树荫下休息时，从移动的树影上受到了启发，于是他就设计了一个测日影、算天时的日晷（guǐ）仪。后来，山崖边的滴水又触动了他的灵感，就又做了一个五层漏壶来计时。日去日来，月圆月缺，不知过了多少天，他发现每隔360多天，昼夜的长短就重复一遍，四季就变换一轮，草木就荣枯一次。

万年就带着发明的日晷和漏壶去见国君祖乙，给他讲了日月运行和四季变换的道理。祖乙听了龙颜大悦，就让万年在天坛前修建日月阁，在上面修筑日晷台和漏壶亭，请他创建立法。

万年经过长期观察，悉心推算，终于制定出了准确的太阳历。他将日月运行和四季变换的规律用一首诗加以概括：

日出日落三百六，周而复始从头来。

草木枯荣分四时，一岁月有十二圆。

万年将创建日历成功的喜讯报告给国君祖乙。一天祖乙登台，见到天坛边石壁上所刻的这首诗，知道日历确实已经创建成功，他万分高兴。但这时万年已经是满面银须，白发苍苍。国君大为感动。为了纪念万年的丰功伟绩和孜孜不倦的探索精神，国君就下旨把这种太阳历叫做“万年历”。于是，人们从那时起一直叫到现在。

壮丽天坛
谭忠国 摄

（五）家家喜挂红灯笼

每逢过年，家家户户都喜欢在门口悬挂红灯笼。这一习俗，传说是源于李闯王攻打开封的故事。

明朝末年，闯王李自成率领人马打到了开封，守城的巡抚仗着城坚粮足，拒不投降。闯王寻思道，要是硬攻，伤亡肯定不小，还是先摸摸城里的情况再说。于是他传令义军驻扎在开封城周围，像铁桶一般将城紧紧围住。他自己则装扮成一个卖菜的，前去城里侦察。

一天黄昏，闯王挑着两筐菜正走着，只见老百姓三个一群、五个一伙，正在议论纷纷。只听一个小伙子说："听说闯王长着红头发、绿眼睛，见人就杀呀！"一个老人说："不会吧，听说闯王对穷人可好咧！"

闯王心想：城里的老百姓还不知道俺是为谁打天下呢！再加上那些贪官、财主的造谣，百姓对俺就更不了解了。于是他决定趁机向老百姓宣传宣传自己的政策。闯王放下菜担子，慢慢地说开了："那闯王的人马是专门为咱穷人打天下的，从不杀一个受苦人。这次，他们到了俺村，还把老财的粮食分

挂红灯笼
原源 提供

李自成行宫

坐落在陕西榆林市米脂县北约100米的盘龙山上

给穷人哩。”大伙儿一听可乐了，都说：“这回咱穷人可有盼头了！”

大家你一言，我一语，说得正热闹，忽然一个中年人说：“哎呀，有一桩事儿可还不稳当。闯王的人马杀进城来，如果杀错了人，可不好办呐！”大家一想：“可不是吗？这咋办？”

闯王听了这话，心里正在思量，猛一抬头，看见一个小孩手里提着一个小红灯笼，在那边儿玩耍。他心里一亮，就悄悄地对大伙儿说：“有办法了。大家回去，一家准备一个小红灯笼，挂在门口。闯王如果打进城来，不论白天黑夜，只要看见门前挂着红灯笼，就知道是穷人，他们就会得到保护。不过千万别走漏了风声。”大伙一听，觉得这办法好。可是又有人问：“这事儿咋叫闯王知道呀？”闯王说：“这一点，大伙儿放心，我回去一定转告闯王。”

这样，挂红灯的消息，像长上了翅膀，没两天工夫，穷人家家户户都知道了。那些贪官和老财们，还蒙在鼓里哩！

闯王摸清城里的情况以后，回到大营，马上布置各路大军攻打开封。城里的巡抚狗急跳墙，派人去黄河黑岗口，扒开了黄河大堤，想把闯王大军和穷苦百姓全部淹死。闯王见状，命令义军立即找船，扎木筏子，搭救遇难的老百姓。大伙儿因为盼闯王心切，一见水来了，啥都不要，只带着红灯笼，一个个爬上房顶，爬到树上。结果穷苦百姓都被一个个救了出去。这时，大家都明白红灯笼的用处了，知道它可以避灾保平安。

这样，每逢吉庆，特别是过年，就挂上了大大小小的红灯笼，认为这样既保了平安，又增添了节日的喜庆气氛。

张灯结彩

喜庆的节日气氛

（六）旺火熊熊迎新年

当吃过年夜饭，湘西家家户户的火塘里，便烧起了熊熊大火。被佳节的洋洋喜气和浓烈的包谷烧酒灌得满面红润的全家老小，通宵达旦地围坐在火塘边，吃着喷香的板栗、花生、糖果，摆起动人的神话传说。那火噼噼啪啪，越烧越旺，烤得全家人用双手遮住脸部，木椅子往后退了又退。可是，大家还是一股劲地把柴火往火塘里添着，加着……这就是湘西一带自古至今流传的习俗——除夕之夜“烧旺火”。至于“烧旺火”的原因，与当地流传着的不少神话传说有关，“神农梦示”就是其中的一个传说。说是很古很古的时候，定居在湘西的土家苗族祖先，经常遭到虫、旱等灾害的袭击，就连人和牲畜也被病魔整得死去活来。一年腊月中旬的一天，一位在山上打柴的毕兹卡（即土家族）老人，正坐在石头上为过年的年夜饭发愁时，忽然，仿佛一对童男玉女来到他面前。童男说，“是神农大仙叫我们报您，并托您转告乡亲们，之所以遭病魔和自然灾害，主要是你们家中的‘无常’在兴妖作怪。平时‘无常’到野外去了，大年三十才回到你们家中吸吮香味，散布瘴气。请您告诉他们今天晚上把火烧得旺旺的，照得满屋通亮，神农大仙就来擒妖除魔。”原来是一梦。老人回家后就将此事告诉了乡亲和苗族同胞。大家又按照童男玉女传授的办法去做，人人手持梭镖、钢叉，在屋内角落旮旯儿乱刺。第二年，果然风调雨顺，五谷丰登，人畜兴旺。

还传说有一天，土家寨子来了一位白发道人，叫大家在大年三十晚上烧起大火，说是可避免恶魔的折腾。人们按照老道人所说的做了，通宵达旦地烧起熊熊大火。第二年，真的山青了，水绿了，花香鸟鸣，猪肥牛壮。人们

南方烧旺火守岁

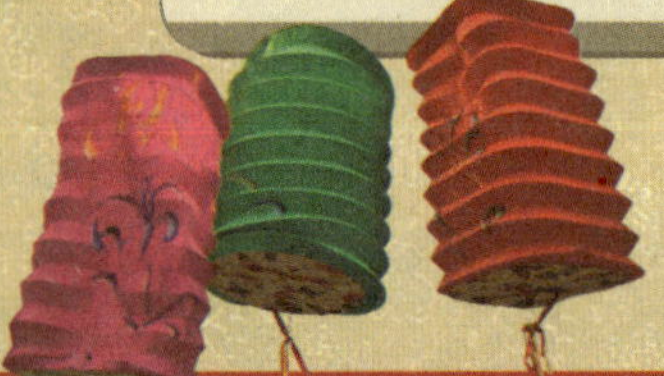

过上了美好的生活。从此以后，每到年关，家家都烧起了熊熊的旺火，并互相竞赛，看谁的柴好，谁的火旺。自然这一习俗就变成了驱除魔鬼、祈求兴旺的年俗。

烧“旺火”的柴火后来稍有变化，土家族在柴火中要用一对大木棒，再附加一些小木块；而苗族却用一根大树兜，再加一些细树枝。据说用一对大木棒是对童男玉女的怀念，用一根大树兜象征着神农大仙或者白发道人。

不过用梭镖、钢叉，在屋内角落旮旯儿乱刺的习俗，从20世纪60年代后基本上就没有了。

（七）大年三十压岁钱

压岁钱可能是中国唯一没有中断的年俗，这可能是大人祈望小孩能够健康成长的美好愿望和经济作用两大因素吧 。汉族和许多少数民族的孩子，在大年三十傍晚，都可以得到大人给的“压岁钱”。最早的压岁钱大约出现在汉代，又叫“压胜钱”，是制成钱币形状的玩赏物品。它的正面一般铸有“万岁千秋”、“去殃除凶”等吉祥话语，在正反两面还绘有龙凤、龟蛇、双鱼等吉祥图案。

为什么要给小孩送“压岁钱”呢？这来源于一些比较吓人的传说：说是古代有一位身黑手白的小妖，叫做“祟”。它每年都在大年三十夜里出来，专门摸熟睡中孩子的脑门。被“祟”摸过的小孩就会发高烧说梦话，退烧后也变成了“祟”。因此，当时患病和死亡的小孩非常多。

据说嘉兴府有一户姓管的人家，夫妻俩老年得子，自然十分珍爱孩子，做事非常小心。有一年，在大年三十的晚上，为防盗贼偷钱，两人将钱币包了又拆、拆了又包，后来就把包好的8枚铜钱放在枕头下面。半夜里，忽听一阵阴风吹过，随后就出现一个矮小的身黑手白的人。正当他准备用白手摸小孩的头时，突然孩子的枕边迸发出一道金光，“祟”被吓得尖叫着逃走了。从此，他再也不敢来危害小孩了。于是人们认为铜钱能够压制住“祟”的危害，又因“岁”和“祟”同音，久而久之，大年三十夜里送给小孩的钱就被称为“压岁钱”了。

长辈给孩子压岁钱
张勃 摄

关于压岁钱的由来，还有两个传说，即源于古代的“压惊”和唐朝宫廷的散钱之风。关于“压惊”，与凶恶的 “年”兽有关。它是似牛似龙、头上长着一只角的怪兽，许多动物和人都是它的食物。它一般在除夕夜潜入村寨吃人（但它也怕红色和爆竹）。大人为了保护自己的孩子，便点燃竹竿，发出噼噼啪啪的响声来驱赶“年”兽。同时用好吃的食物安慰小孩，即为“压惊”。后来，便演变成以钱币代替食物，到宋代便有了“压惊钱”的说法。

据《开元天宝遗事》记载：唐玄宗天宝年间，每至春时，皇宫里的宫女便三五成群，投掷钱币做游戏。王建的《宫词》对此有较生动的描写：“宿妆残粉未明天，总立昭阳花树边。春日内人长打白，库中先散与金钱。” 后来又发展到赠予“洗儿钱”。据司马光《资治通鉴》，此事说的是唐玄宗和杨玉环的故事：玉环喜得王子，玄宗亲往视之，喜赐玉环洗儿金银钱，一为贺喜，二为驱邪。至宋、元时，便形成一种民俗。

到了清代，压岁钱便又增加了实际的功用，即它已经是可以流通的货币，大人通常将它用红纸包起，纸包外面印着“龙凤呈祥”或十二生肖等金色图案，还有“岁岁平安”等祝福语。因为红色象征幸福；古时人们还特别

拜年

相信语言和巫术等力量，认为大人送给小孩吉祥的祝福语，小孩就一定会行好运。小孩则把压岁钱主要用来买鞭炮，既驱了邪，又自得其乐。

民国时期，曾经流行过用红纸包着100枚铜元，以示小孩能“长命百岁”。新中国成立后，才用纸币作为压岁钱。改革开放后，人们比原来富裕多了，小孩的压岁钱也多了起来，但有的地方与压岁钱的初衷也相去较远，产生了比钱多的攀比心理，压岁钱的数额从几十到几千元不等，一定程度上妨碍了孩子的健康成长。

（八）正月初五接财神

清代顾铁卿（顾禄）《清嘉录》里所引的一首蔡云的《竹枝词》，描绘了苏州民众正月初五黎明时迎财神的情形：“五日财源五日求，一年心愿一时酬。提防别处迎神早，隔夜匆匆抱路头。”“抱路头”即迎财神。

迎财神的习俗主要源于明代长篇神怪小说《封神榜》。在该小说里，财神名叫赵公明，他原在峨眉山罗浮洞潜心修道，后来因为帮助商纣王攻打周武王，死后被封为真君之神，并统领招宝天尊、纳珍天尊、招财使者和利市仙官四位部下。道教典籍则说，赵公明为终南山人，自秦时就隐居仙山，潜修正道。功成之后，被玉皇大帝封为“正一玄坛元帅”，简称“赵玄坛”。其尊容颇凶，圆眼怒睁，浓须黑面，头戴铁冠，一手执钢鞭，一手捧元宝。他身跨威风凛凛的黑虎，故又有“黑虎玄坛”之称。这位财神起初并不是专职的财神，他的职责较多，如除瘟驱病，禳灾翦虐，申冤昭雪等，他又能使人求财获利，民间便把他看作财神了。

文财神范蠡像
位于江苏宜兴市

财神还有文武之分，文财神有比干和范蠡，武财神有赵公明和关公。崇文的人家供奉文财神，尚武的则供奉武财神。文财神比干是纣王的叔父，忠心耿耿，因劝阻纣王行善治国而被挖心。因其“无心”，故对人不偏不倚，遂被后世尊为财神。范蠡是春秋时期越王勾践手下的大臣，帮助越王打败吴国。后来弃武经商，发了大财，改名陶朱公，被后人奉为财神。

文财神比干

关羽由于武功高超，特别是最讲义气。后人以为经商虽然要有利润，但义气也非常重要，义气是经商的前提。有的人甚至把“义”与“利”同等看待，认为“君子爱财，取之于道”。于是

五路神　　福、禄、寿三星

关羽便被奉为财神。现在一般商号供奉关羽的居多，民间所供则多以赵公明的为多。

民间还有将五路神奉为财神的。所谓五路，即东西南北中，意为出门经商，不管朝哪个方向去，都可发财。

接财神的习俗，盛行于明、清和民国。改革开放后，接财神的习俗又兴了起来。正月初五，过完大年，各商店准备开市前，要将财神迎到自己的店里来，祈望财神保佑自己四季平安、经商大发。于是备上猪、牛、羊、糖果、香纸等祭品，点响爆竹，敲锣打鼓，以迎接财神。若有关公庙或财神庙就去庙里迎接。若无庙，则一般在大路口、店门口或村里某个固定的地方迎接财神，焚香烧纸，磕头作揖。回家后，将已买好的财神画像张贴起来，摆上供品，烧纸上香，就算请回了财神 。

武财神赵公明

武财神关公

（九）春节禁忌

春节是一年中最大的节日，又是新年的开始，有“一元复始，万象更新”之说，因而人们认为春节预示着一年的吉凶祸福，禁忌也就极多，真可说是五花八门。其中有些禁忌是全国性、普遍性的，有些则是地区性、民族性或阶层性的。当然，其中多数禁忌都是没有科学道理的，对此不必当真。

出门时的禁忌。忌碰上和尚、尼姑、寡妇等此类人。因为许多人都以为：“初一遇和尚，穷的精当光”，“碰到尼姑，逢赌必输”，“新年遇寡妇，必定做鳏夫”。

初一忌见血迹，一直到初七都不能杀生。古书中有不少对血禁忌的记载。干宝《搜神记》云：有一个名叫刘宠的人，经常在夜里发现自己的门前有血。时隔不久，果真被人杀害了。《史记·夏本纪》也说：夏朝的皇帝武乙暴戾无道，用皮革口袋盛满血液，挂起来用箭射它。后来武乙出去打猎，就被雷电劈死了。人们认为他是触犯了血的禁忌而遭受惩罚的。《中华全国风俗志》更是直接记载了这一几乎流行全国各地的风俗：除夕，院内竖桅杆，上面悬挂灯笼，叫做天灯。相传古时有一种九头恶鸟，被二郎神杨戬（jiǎn）斩去一只头，常年滴血。每到除夕，即在山上飞鸣，它的血滴在谁家院内，谁家必遭祸事。这一禁忌是告诫人们，在春节期间应禁止杀生。因为初一是鸡日，这天人们非常尊崇鸡。传说东海的度朔山（又叫桃都山）上，有棵大桃树，树枝覆盖三千里，树上有一只金鸡，太阳出来的时候就鸣叫飞下，啄食恶鬼。《荆楚岁时记》载：每逢元旦（即大年初一），就在纸帖上画一只鸡，贴于门上，把苇索悬在鸡像之上，桃符树贴在纸帖两旁，各种鬼都会害怕。这样鸡就与门神同等重要了。传说女娲在造万物时，于正月初一至初七分别造了鸡、狗、猪、羊、牛、马、人。如果杀食它们，就不能御邪避恶，就会妖魔鬼怪缠身。有些地方甚至还认为会引起刀灾、兵灾、血灾等祸殃。

元日

忌说粗话、不吉利的话。至今全国各地都很自然地遵守这一禁忌。凡是“破”、“坏”、“没”、“光”、“病”、“输”、“穷”，特别是“死”、“鬼”、“杀”等字眼，都忌说出口。为了避免不慎犯忌或者儿童无知乱说，就在中堂的壁板上贴上写有“幼儿之言，百无禁忌”的红纸条。有些地方家长就用干净草纸揩抹小儿的嘴巴，意思是把小孩的嘴当做屁股了。这样即使小孩说了不吉利的话，神灵也就不会责怪了。这也是一种禳解方式。

初四之前忌动刀剪针线。恐怕稍有差错，招致败兴坏事。就以为兆头不好，不吉利，一年的运气也就不会好。新年不能打碎饮食器具，否则一年内必有凶灾，要赶紧说一声“岁（碎）岁（碎）平安”、“打发打发，越打越发”，以为这样就可以破解。此外，整个正月还禁止剃头，习俗上以为“正

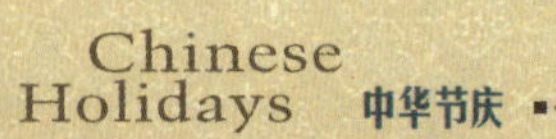

月剃头要死舅”。因此，母亲一定要反复叮嘱女儿，在年前一定要将外甥的头发理了，否则即使头发再长、天气再热，整个正月也不准理。这一习俗至今在全国很多地方沿用。

附录一 湘西糍粑与腌菜

湘西（含今部分湘西南）过年及重大活动时，糯米糍粑和腌菜是其主要食品。这些活动包括“吃鼓脏”（即杀牛祭祖）、“接龙”、“跳香”祭五谷神、还傩愿及婚宴喜庆等。

1. 湘西糍粑。制作糍粑的主要用具有：①木甑。圆形的，底部有小孔，以便热气进入；②糍窾（kuǎn）。即用来盛糯米饭、以捶捣糍粑的或圆或方的石槽；③糍槌。用来舂糍粑的一对大木棒，两头大（直径10～12厘米），中间小（直径5～6厘米，便于手握）；④用于揪糍粑的石磨或者石板；⑤放置糍粑的木制糍板。⑥一碗熔化了石蜡的温热茶油。将其适时适量抹在石磨、石板和糍板上，以防糍粑粘在上面，最主要的可以使糍粑久放而不变质。

湘西土家族过年舂糍粑

糯米糍粑的制作方法是：先将糯米浸泡在水里一至两天，再搓洗几次，然后掏出来，沥干至七八分（无水滴出时为止）。将木甑放置盛水的锅里，水面接近钻有小圆孔的甑底。然后可在灶里生火，待水开甑热时，在甑里放上三四寸厚的一层糯米，等糯米都冒蒸气时，说明糯米已熟，可以再加一层。这样加一层，熟一层，待整个甑子加满糯米并且冒出蒸气后，灶里只需保持小火，并适时在锅里加水以保证水面总是接近甑底。这时根据糍窾的大小将蒸好的糯米饭放置其中，身强力壮的两个成年人双手各拿一个大木棒糍槌，将糯米饭捣烂成稠状（这叫舂糍粑），随即绞在已旋成十字形的两根糍槌上，将之放在磨米的石磨或者石板上。然后由另外一个有经验的中老年人用手一个个地揪成形似小圆球的一坨。再由其他几个人用双手压成约2厘米厚的圆饼，有的人家还有木制的圆形模具，只要将糍粑坨放进模具中，用手一压，就马上圆圆正正了，然后放在木制的糍板上。之后还要将糍粑几次翻面（即每隔几分钟上下翻动方向），便于晾干。需要注意的是每舂一窾糍粑后就要在糍窾里洒些淘米水，以防糯米饭或糍粑粘在糍窾里。一两天后，可将糍粑放进盛有冷水的瓦缸中，可以保存大半年时间，随时可以煎煮食用。特别是苗家人大块吃肉、大碗喝酒，一般在喝酒之前吃上几个糍粑，可以多喝比平时大约一倍的酒，又是防醉的一个好方法。阳春三月，将糍粑切成一块块的，和酸辣子一炒，异常香美。如果你是客人，主人家正在炒这种菜的话，见到那独特的色、香、味，你可能会流出口水来。

湘西糍粑

2. 湘西腌菜。关于湘西和黔东南的腌菜，明代即有记载。主要有酸鱼、腌肉、酸青菜和酸汤。这些都是湘西传统名菜，是节日特别是过年待客

的主菜。湘西民众和黔东南苗胞特别爱吃，从“三日不吃酸，走路打捞窜（即打趔趄）”的俗语中，就可看出他们对酸食的酷爱程度。其制作方法比较复杂，各地也不太一样。湘西苗族地区的制法是：将新鲜鱼洗净剖开，取出内脏后，将鱼掰开，先在鱼的内腔撒上适量的盐和辣椒粉，然后再加上香料，浸泡两三天后，再把糯米粉、玉米粉撒在鱼上，一层鱼、一层粉地装入坛子、缸子里，盖好封严。半个月后，就可取食，油煎熟吃、生吃都可以。如隔年再吃，味道更美。

酸腌肉的制法，与酸鱼制法基本相同。若要制成腊肉，便在腌后的四五天，将肉从缸子里取出，挂在火塘上空的坊上，由于火塘每天烧带有烟子的柴火，二十几天后，肉质便呈现出油亮的紫黄色，这时取下炒食，便又香又脆。这种腊肉一般都可保存两三年，不过三年后的腊肉，虽然香，也有稍许的霉辣味，还异常坚硬，老年人一般是吃不动的。酸菜的原料一般有青菜、长豆荚和辣椒等。酸菜的制法，则是将这些蔬菜洗净切细，晒得半干后，再分别与少量糯米粉或细辣椒（酸辣椒则不需要此料）和匀，装入坛子里，过十天半月就可炒食。也有将整条的大辣椒剖开，里面灌满糯米粉，装入坛子里的。这种酸辣椒一般单独炒食；还有一种酸辣椒制法，辣椒可以一条条地直接腌好，装入坛子里。这种酸辣椒还可做荤菜的作料，以增加荤菜的美味。酸汤则是在炒这些酸菜后，留少许酸菜在锅底，放上香油，加水煮沸，添上辣椒粉、胡椒粉、花椒粉、五香粉、姜、大蒜等，其味无穷。其中酸腌肉也是过年时的主菜，酸菜和

腊肉

酸汤则是常年可食的菜肴，尤其在炎热的夏天，还能消暑提神，当然也是过年开胃的一道好菜。

酸鱼、腌肉有的可以保存二十多年，如侗族有的人家生下儿子后，就做好酸鱼、腌肉，在孩子的婚礼上才拿出来待客。这既可显示这家的富有、好客，也可看出对客人的极度尊重。

附录二 湘西行年、调年会

湘西的行年和调年会是侗族、苗族颇具特色、非常热闹的拜年活动。

1. 湘西行年。行年是通道侗族自治县侗族所进行的集体互相拜年活动，从正月初六开始。在一个寨子行年的日子可长可短，一般一至三天。行年在年前就已约好，如头一年甲寨到乙寨行年，第二年乙寨就回拜甲寨。也有相隔几年才回拜的，那么甲寨第二年可能就去丙寨行年，乙寨可能就去丁寨行年。也有个别情况特殊，出现不速之客的情况，侗寨同样欢迎。

湖南通道侗族自治县芦笙舞

参加行年的一般都是男子，也有个别带上小孩的。一般是每户一人，大家吹起芦笙，各自头上插上一根色彩艳丽的雄鸡尾羽毛，所以又称之为“鸡尾客”。行年的队伍由见多识广、能说会唱的老人带领，以芦笙队为前导。一般队伍路过之地，都会受到热烈欢迎。对于不是事先约好的寨子，队伍就不进寨，只礼貌地吹一支“过路曲”，以示借路过寨，对方也就不强

湖南通道侗族自治县芦笙舞

湘西行年
谭善祥 供图

请了。“鸡尾客”即将进寨时，就吹起“进寨曲”，主寨的人就会马上出寨列队欢迎。主人把客人迎到芦笙坪，两寨的芦笙队高奏芦笙曲，曲声嘹亮，回荡在村寨旷野。各吹三遍之后，就请客人进屋。虽然说是“请客人”，但所有的主人都异常热情，实际上很多都是“抢客人”，以致一个客人被几个主人争着、抢着去各自家里的，但必须遵守一条规款（规矩），即谁抢得鸡尾毛，客人就到谁家，那么，主人要想请到哪位客人，就必须抢到客人头上的鸡尾毛。因此，请客人进屋的过程非常热闹，主人们纷纷上前来抢客人头上的鸡尾毛，不过争抢鸡尾毛的大都是后生居多。有时鸡尾毛被几位主人同时抓住，大家便协商解决，从不伤和气。如果其中有老人或者姑娘“抢”客人，大家便主动让老人或姑娘把客人请走，大家再去“抢”另外的客人。如是风和日丽，就用不着“抢”客人了，大家就把各自的饭菜全部带到芦笙坪来，全寨的主人和客人全部在一起喝酒吃饭。

主客都酒足饭饱后，主寨的姑娘就一涌而出，大家三五成群地陪客寨的后生谈笑唱歌。主客两寨还常常进行“讲款”（侗族的规款、祖先的来历等）、“斗芦笙”（芦笙曲技艺比赛）、“弹琵琶”、“哆耶”（跳侗族舞蹈）、比武等。有的未婚青年就在行年中定下了亲，有的则增进了感情，为进一步交往打下了良好的基础。中老年人则一方面为年轻人的感情收获感到高兴，一方面又互相传授各自的生产、生活、艺术经验，增进两个寨子之间的感情。游玩两三天后，大家才依依不舍地分别。客寨所有的“鸡尾客”都异口同声地邀请主寨，明年一定要到他们寨子行年。一般情况下主寨都会满口答应。大家都盼望着下一个春节快点到来。侗寨的行年真是非常热闹，其乐无穷。

2. 湘西调年会。苗族的“调年会”既与侗族的“行年”有许多相似，又有一些不同的特色。相似的都是去拜年游玩，还有都吹芦笙，不同的方面体现在：一是苗族做客的主要是男女青年；二是还有其他的文艺队伍；三是依次可到几个寨子拜年；四是客人不插鸡尾毛。此俗在湘西和怀化市的苗疆至今非常活跃。这一活动又叫 “走寨”或“串寨”，时间从正月初二开始。一个寨子的男女青年由一两位老年人带领，吹着芦笙，舞起龙灯、狮子灯，打起猴儿鼓，去附近各寨拜年。

做客的队伍一路歌声，芦笙齐鸣，鼓声咚咚，前去“串寨”。客人临近主寨,主寨头人知道客人即将进寨，马上召芦笙队出寨迎客，在芦笙坪上，主客两寨的姑娘、后生一起唱歌跳舞。舞罢邀请客人去各家做客。晚上，主客两寨的姑娘后生各自结成队伍对歌。第二天早晨，两寨合跳“踩堂舞”，进行芦笙比赛，打起猴儿鼓，还耍龙灯、舞狮子，然后由主寨姑娘后生相送客人离寨。

2006年5月20日，侗族的大歌和琵琶歌、苗族的芦笙舞，经国务院批准被列入第一批国家级非物质文化遗产名录。苗族和侗族的芦笙曲，2008年被文化部列入第二批国家级非物质文化遗产保护名录。

叁

火树银花触目红，揭天鼓吹闹春风

——元宵节

北京前门大街的踩街活动

一、元宵节的起源

（一）元宵节的称呼

当年味尚存时，元宵的狂欢气息，已经开始吹拂着中国大地。

元宵节是除春节和中秋节之外的中国第三大民俗节日。在古代文人的笔下，常称为上元、元夜、元夕等；又因元宵节的主要活动是燃放花炮烟火、张灯、观灯、赏灯，因而老百姓至今多称之为灯节，或者正月半。北方有“闹元宵”的说法。如《绣金匾》的歌中就有一句：“正月里闹元宵。”元宵节在正月十五。为什么叫元宵节呢？有多种说法。其一，认为来自于道教。因为元宵节又叫做“上元节”，而《岁时杂记》云，由于道教称正月十五为“上元节”，七月十五为“中元节”，十月十五为“下元节”，合称

“三元”。其实，元宵节甚至上元节的起源都在道教之前。其二，因为正月十五是新年的第一个月圆之夜，“一年明月打头圆”，“元”又通“圆”，于是就叫“上元节”，而古代把夜叫“宵”（有些地方至今把晚饭后再吃一餐叫“宵夜”），所以“上元节”又叫“元宵节”。

正月十五，如果天气晴朗，入夜，天空便是明月高挂，人间都是万家灯火。人们还沉浸在大年的欢乐中，实际上中国很多地方，现在仍然把元宵节当做春节的一部分，甚至把正月也算在年里面，有“正月不过还是年”的说法（不过节日的气氛就没有元宵节时那样热烈欢快了）。夜里，许多城乡处处挂灯，有的灯上写有谜语。男女老少冒着乍暖还寒的早春晚风，赏月观灯，猜谜游玩。元宵节确实是中国独具的一个古老节日。在一般地区，元宵节过完后，热闹了近一个月的春节就正式过完了。自然界的节律又进入一

元宵观灯
《十二月令图轴》（清）

个新的周转期，天气逐渐暖和，万木开始发芽，春草渐渐吐绿；人们也告别寒冷的气候和冬闲状态，怀着对节日依依不舍的心情和对新一年的憧憬，欢呼和迎接春天的到来，进入到新的精神状态，又开始新的劳作。但在有些地区还有一些节日，如在北京，正月十九还有白云观的庙会，俗称“燕九节”，还有正月三十雍和宫的打鬼。雍和宫打鬼结束，北京人的春节才算完全过完。苗族大多数地区都在农历正月过年。广西融水一带的苗族一般在十六，也有在十一或十二过年的。其主要娱乐活动有跳芦笙舞、唱踩堂歌、斗马、斗雀、赛马、舞狮子、对唱山歌等。参加人数众多，规模盛大。

（二）元宵节的由来

关于元宵节的由来，民间一直流传着这样一则神话：远古时候，由于凶禽猛兽非常多，四处伤害人和牲畜，人们就成群结伙去围猎，可是却意外地射死（一说射伤）了下凡而迷路的神鸟天鹅。玉帝十分震怒，就下令天兵天将在正月十五到人间放火，将人间的人畜统统烧死。可是玉帝的女儿心地十分善良，就冒着生命危险，偷偷飞临人间，将这一凶险消息及时告诉了人们。

大家听后，如五雷轰顶，不知如何是好。过了好久，一位老人家终于想出个法子，他说：“我们就在正月十四、十五、十六这三天，家家户户都张灯结彩、点响爆竹、燃放烟火。这样玉帝就会以为我们凡人都被烧死了。”大家听了都点头称是，便分头去准备。到了正月十五晚上，玉帝往下一看，见到凡间一片红光，以为他的圣旨被很好地执行了。人们也就这样保住了自己的生命和财产。

从此以后，家家户户就在正月十五，张灯结彩，放爆竹，燃烟花。

当然这只是传说而已，元宵节实际上起源于汉代。据《史记·封禅书》记载：汉武帝时，谬忌奏请祭祀“泰一”（又叫“泰乙”、“太一”或“太乙”）神，他认为“泰一”是天神中最尊贵者。当然，对泰一神早在战国

东皇太一

太乙真人

时就有祭祀，宋玉《高唐赋》中就有“醮诸神，礼泰一”的记载。《史记·天官书》也说中宫天极星中，最明亮的地方是“泰一常居也”。《易经》里称：周易有太极，可以生两仪。顾颉刚在《秦汉的方士与儒生》中则说，泰一便是太极，天一和地一便是两仪。至高无上叫做泰，绝对不二叫做一。汉武帝听了谬忌的奏请后，根据他所说的古代天子祭祀太一的方法，立即降旨在长安城的东南方修建了一座太一祭坛，并按照方士所教的方法前去祭祀。元鼎五年（公元前112年），又在甘泉宫修建了一座三层的太一祠坛，上供太一神，下供青、赤、白、黑、黄五帝。汉武帝对其他诸神不过长揖而已，唯独对太一神虔诚下拜。特别在正月十五对太一神的祭祀最为隆重，用盛大的灯火祭祀，从黄昏开始，通宵达旦。加上晚上常有流星划过祠坛上空，就此形成了正月十五张灯结彩的习俗。

到了东汉明帝永平十年（公元67年），蔡愔（yīn）从印度取经归来，在《西域记》中称，印度摩喝陁（tuō）国（又作摩揭陀、摩瑞陀）在正月十五日，僧徒俗众云集，观赏佛舍利的放光雨花，认为是上元天官赐福的良辰。汉明帝为了弘扬佛法，颁旨正月十五夜，在宫廷和寺院“燃灯表佛”。

《法苑珠林》中，还有贬低道教、鼓吹佛教的记载：宣称明帝永平十四年（公元71年），五岳诸山道士想挑战西域和尚的法力，以辨真伪。官司打到明帝那儿，于是明帝命令和尚道士们正月十五在洛阳白马寺会集，较量法力。道士登上三坛，吟诵道经，然后纵火焚经，经书见火就被焚化了。可是佛教的舍利经像，置于道西，“五粒五色，直上空中，旋环如盖，映蔽日光。”于是“天雨宝华，散佛僧上，天乐异音，大众同闻”。

当然对这种记载不可相信。不过到明帝时，中印两国习俗互相融合，神仙术与佛法相结合，宫廷的一些娱乐形式在民间得到发扬光大，又加上民间原有的猜谜等娱乐形式，使得正月十五夜，城乡灯火辉煌，昼夜通明。元宵节也就最终形成了。

二、元宵节的演进与盛行

（一）祭门户、祀蚕神、迎紫姑

元宵节从汉朝开始时以祭祀为主，至唐宋，演变成以游艺为主，到了明清，除了迎紫姑之外，几乎完全是游艺活动。活动的人群和地点也从开始时的宫廷几乎完全走向民间。

到了魏晋时期，元宵节里又增添了祭门户、祀蚕神、迎紫姑的风俗。祭门户被称为“望日祭门”。先做好豆浆，再在里面加些油脂。然后在两扇大门上面的门户上插上水杨枝条，根据枝条受风飘动的方向，再用酒肉食品及插上筷子的豆浆、糕饼等祭祀。

祭蚕神则是根据《齐谐记》特别是《续齐谐记》所述。《齐谐记》说，有一年的正月半，有位神仙降临到以养蚕为业的陈氏家宅，说“若能享受到祭祀，就会让他的蚕桑增加百倍的丰收”。《续齐谐记》叙述得更为详细：

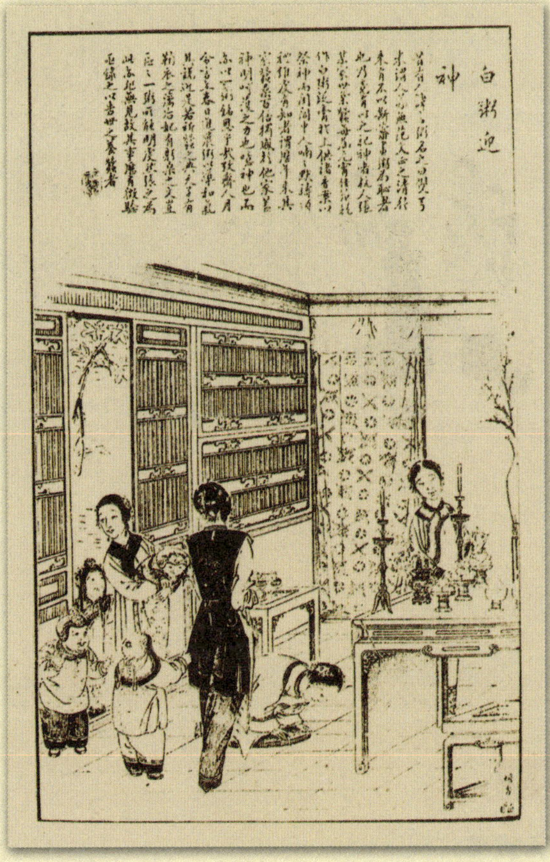

白粥迎神

正月十五，吴县居民张成夜里起来，看见自家宅院的东南角站立一位妇人，并且对他说，我是此地之神。明年正月十五，你要煮碗白米粥，上面加些肉脂祭祀我。我会使你家蚕业兴隆。张成按照她所说的办法祭祀，果然从此养蚕年年丰收。后来整个魏晋南北朝时期，民众都按照这种方法祭祀蚕神，有的祭祀后还登上屋顶将祭品吃掉，边吃边念叨，希望蚕神能帮助他为蚕驱鼠，保障丰收。这是典型的中国农业文化在风俗上的反映。

更有趣的是“迎紫姑”，用以占卜蚕事的好坏。南朝宋人刘敬叔《异苑》记载：紫姑本是一户人家的小妾，其夫叫子胥，她为正妻所嫉妒，于正月十五日气愤而死。后人作成她的形象而迎接她。迎接时要念咒：“子胥不在，曹夫人已行，小姑可出。”迎紫姑是在厕所或猪栏边，还要在厕中置破旧衣裳。如果手中的紫姑形象变重了，就迎来了紫姑神。有些地方，每到正月十五，人们就用稻草、布头扎成真人大小的紫姑像，妇女们上前拉着她的手，跟她说贴心话，流着眼泪安慰她，情景十分感人！紫姑的形象显然是贫苦民众按照自己的想象所创造的神。

还有几种紫姑高贵的说法。《洞览》载，紫姑是帝喾（kù）的女儿。

迎紫姑神

即将死时，说："我平生喜好欢乐，你们在正月可以迎接我。"《异苑》又说：晋朝的陶侃一次如厕，见一夫人穿着单衣，戴平头巾，自称"后帝"。对陶侃说："三年莫说，贵不可言！"后来陶侃果然发迹，从一个小县吏，逐渐升为郡太守等职。在讨伐苏峻、祖约叛乱时，屡立战功，被封为征西大将军，任荆州、江州的刺史，督八州军事。他还非常节俭廉洁，惜时如金。他就是陶渊明的曾祖父。

看来人们认为紫姑确实神通广大。

（二）火树银花不夜天

1. 宵禁渐开的隋唐元宵节。到了隋唐，四百年的动乱分裂终成一统，继汉代后，中国走上了封建社会的又一个盛世，并且空前绝后，元宵节也就大放异彩。

隋代开国初年，隋文帝提倡节俭治国，对元宵节民间大闹灯火禁止颇严。《隋书·柳彧（yù）传》载，隋文帝接受了柳彧的上书，认为男女混杂，有伤风化；有的花费甚大，互相攀比，竟然破产。于是雷厉风行地禁止元宵张灯及娱乐活动。

隋文帝禁元宵，其子隋炀帝却大肆铺张，挥金如土。大业六年（公元610年）正月，隋炀帝调集民间艺人，为云集在洛阳的西域少数民族首领献演百戏。《资治通鉴·隋纪》对此有记载："戏场周围五千步，执丝竹者万八千

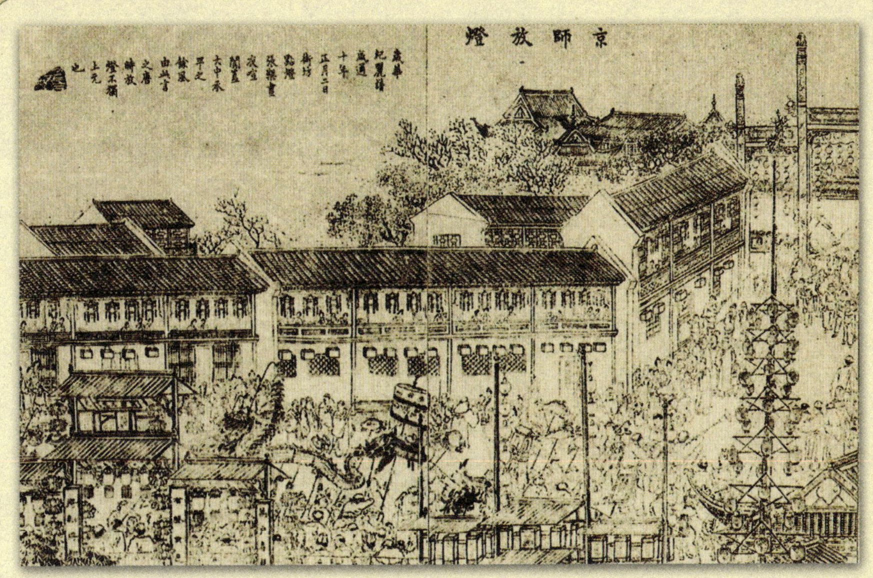

京师放灯

人。声闻数十里，自昏至旦，灯火光烛天地，终月而罢，所费巨万。”薛道衡有诗描绘了当时的盛况：“万户皆集会，百戏尽前来。”炀帝带着成群妃嫔，登楼观灯，面对万盏千灯，以为是太平盛世，不禁也诗兴大发：

法轮天上转，梵声天上来。
灯树千光照，花焰七枝开。
月影疑流水，春风含夜梅。
幡动黄金地，钟发琉璃台。

《隋书·音乐志》还描述了招待外国使节的情况：每年正月，万国来朝，待到十五那天，在端门外、建国门内，绵延八里之地，搭建戏场。文武百官沿路搭起看戏的棚子，通宵达旦地看戏。到正月三十才结束。仅演员就接近三万人。

同西周两汉一样，唐代都城长安也有宵禁制度。每到傍晚，鼓声一起，这座当时世界上最为繁华、人口百万的最大都市，便车马匿迹、冷冷清清，出现了“六街鼓歇行人绝，九衢茫茫空有月”的场面。但元宵节前后各一日，却特许放三夜花灯，称之为“放夜”。面对如此难得的良宵，夜晚久不出门的人们，从王公贵族到平民百姓，都是“谁家见月能闲坐，何处闻灯不看来”（崔液《上元夜六首》），于是，“千门开锁万灯明，正月中旬动帝京”（张祜《正月十五夜灯》）。真是人山人海！《雍洛灵异小录》记载：“唐朝正月十五夜，……灯明如昼，山棚高百余尺。……士女无不夜游，车马塞路。”甚至有人被挤得悬在空中，架空“行走”数十步的。

对灯节趋之如鹜的狂欢心情与举止，除了人们久被宵禁，夜晚犹如“划家为牢”的境况外，当然，还与唐朝是当时世界上最富有的国家有关。不过唐初，对元宵放灯还未大力提倡。即使到了建国后近百年的景龙四年（公元710年）时，中宗李显元宵观灯，还是偕皇后微服出行。但三年之后的睿宗、玄宗朝时，奢侈铺张淫乐之风，就大肆虐行了。睿宗观灯时，在京城曾出现高达二十丈的巨型灯轮，上面悬挂花灯五万盏，装饰得五彩缤纷，如同五颜六色的花树一样，霞光万道。“昼夜不息，整整一个月还未停止”（《新唐书·严挺之传》）。

睿宗制作“灯轮”，其子玄宗则花样翻新，更胜一筹，他下旨制造出了“灯树”、“灯楼”，有的灯楼有二十间房子大，高达一百五十尺，上悬珠玉、金银穗，微风吹来，铮铮作响。灯上又绘龙凤虎豹，风吹楼动，它们便摇头摆尾，栩栩如生。其间，杨贵妃兄妹，显尽了富贵和风流。成千上万的宫女和民女则在灯火辉煌的“灯树”、“灯楼”下载歌载舞，名曰“行歌”或“踏歌”。

唐玄宗与杨贵妃

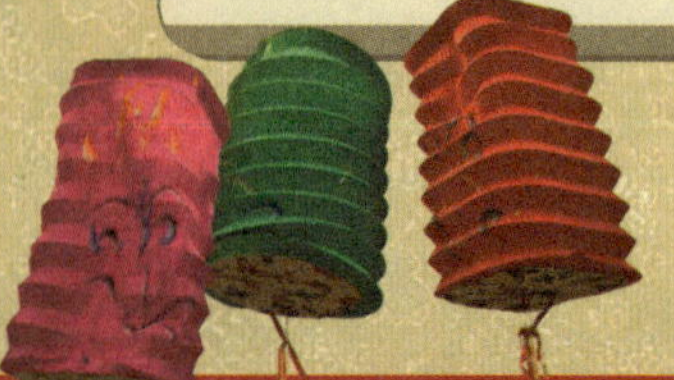

唐玄宗甚至下令，距洛阳三百里之内的官员，率领文艺团队赴京，举行文艺汇演，供他和皇后妃子观看。（《明皇杂录》）文人则吟诗作赋，献词助兴。张说的《十五日夜御前口号踏歌词》，就生动描述了兴庆宫前观灯的盛况：

花萼楼前雨露新，长安城里太平人。

龙衔火树千灯焰，鸡踏莲花万岁春。

帝宫三五戏春台，行雨流风莫妒来。

西域灯轮千影合，东华金阙万重开。

苏味道有诗描写玄宗开元、天宝年间的元宵节：

火树银花合，星桥铁锁开。

暗尘随马去，明月逐人来。

游伎皆秾李，行歌尽落梅。

金吾不禁夜，玉漏莫相催。

中唐的白居易描写杭州的元宵之夜诗作，甚至认为杭州的元宵节与京师差不多了：

灯火家家市，笙歌处处楼，

无妨思帝里，不合厌杭州。

唐代还出现了走马灯，剪纸为轮，火焰驱动纸轮下的木杆转动，则“马”随之而转。

唐代元宵节期间，民间还兴起了拔河比赛。与现在拔河所不同的是，比赛用的四五丈长的大麻绳的两头，还织有几百条小绳子，以便更多的人能参加比赛。

2. 空前热闹的宋代元宵节。元宵节的节期，宋代也逐渐延长。汉代为一天，唐代为三天，宋代一般为五天，明代则整整十天，从初八开始点灯，直到十七的深夜才落灯。从宋代开始，元宵节就更加热闹起来了。

宋徽宗

自宋太祖开始，元宵节延长为五天，到正月十八为止。南宋理宗时，淳祐三年（1243年），又从十三日起，增为六夜。宋代不仅放灯时间延长，而且制作的灯笼比唐代更为豪华。孟元老《东京梦华录》对东京元宵节的盛况，有详细的叙述。当时开封府在年前冬至时就开始制作元宵花灯。先搭棚子，在棚上张灯结彩，叠成山林形状，称之为“灯山”。这样，元宵的花灯就由唐睿宗时的“灯轮”，演化为玄宗时的“灯树”、“灯楼”，再变成宋代的“灯山”。灯山点燃之后，万灯千盏，“金碧相射，锦绣交辉”。灯山上还彩绘神仙故事和菩萨图像，如文殊菩萨跨狮子、普贤菩萨骑白象等造型。特别神奇的是，菩萨手臂活动自如，手指能喷出五道泉水。还有在草龙上点灯插烛，使之变成火龙的。在相国寺大殿前还设有乐棚，两廊有“诗灯牌”，上写古今名人的诗句。如:“天碧银河欲下来，月华如水照楼台”，等等。

宋仁宗称观灯为“与民同乐”。宋徽宗还于元宵夜观灯赐酒。《大宋宣和遗事》中有一则非常有趣、令人捧腹大笑的逸闻：有一对夫妻，元宵同去观灯，由于非常拥挤，两人走散了。其妻游到端门，正好碰上徽宗赐酒。她喝完御酒后，乘机将赐酒的金杯藏了一个，被卫士发现后，扭送到皇帝面前盘问。这位妇女急中生智，马上吟诵了一首《鹧鸪天》词以自辩：

月满蓬壶灿烂灯，与郎携手至端门。

贪看鹤阵笙歌舞，不觉鸳鸯失却群。

天渐晓，感皇恩，传宣赐酒饮杯巡。

归家恐被翁姑责，窃取金杯作证明。

徽宗听罢这首词，觉得虽然有点狡辩，可又有几分道理。他还特别欣赏这位民妇出口成章的才能，同时也许皇帝老子看到了这位民妇对公婆的尊敬和对丈夫的关爱。结果不仅没有惩办她，反而将金杯赐给她。

现在许多人都知道："只许州官放火，不许百姓点灯"的俗语。这是南宋大诗人陆游《老学庵笔记》中记载的一则趣闻。说的是本朝一位名叫田登的州官，因为避讳，不准百姓说与他的名同音的字。由于"灯"与"登"同音，全州人只好称灯为"火"。可是这一字之改，就改出了笑话，到元宵放灯时，衙吏为避其名讳只得将告示写成："本州依例放火三日"。后来，人们便把 "只许州官放火，不许百姓点灯"另有所指，变成了"当官的可以任做坏事，老百姓的正当行为却处处受到限制"的比喻。

南宋时，元宵准备工作大大提前。周密《乾淳岁时记》记载，从九月赏菊灯之后，就开始试灯。使得灯火"竞出新意，年异而岁不同"，品种极多，有鳌山灯、白玉灯、无骨灯（玻璃灯）、琉璃灯等，以苏州、福州、新安的灯做得最好。南宋时，还有"灯市"。每晚灯火初上，箫鼓齐奏，舞女翩翩。豪商富贾，纨绔子弟，纷纷追欢买笑。姜夔有诗云：

灯已阑珊月气寒，舞儿往往深夜还。

只因不尽婆娑意，更向街心弄影看。

南陌东城尽舞儿，画金刺绣满罗衣。

也知爱惜春游夜，舞落银蟾不肯归。

尤其是宋代兴起了烟火（即烟花）。《乾淳岁时记》记载：虽然已经夜深，却适宜燃放烟火。于是乐声四起，烛光闪烁，然后皇帝才回宫。

蹴鞠

除花灯和烟火外，宋代元宵节还有“打灯谜”和杂技演出。从《东京梦华录》中可知，灯谜在北宋已经勃兴。杂技项目则有：击丸、蹴鞠、踏索上竿、吞铁剑等，更是增添了节日的欢乐。宋元易代之后，元宵依然传承，不过灯节如同其他节日一样，受到朝廷限制。

3. 复兴宋制的明代元宵节。明代全面复兴宋制，且节期大为延长。元宵节放灯从正月初八到十八（即十七深夜）。《明会典》记载：永乐七年诏令，元宵节自正月十一日起，给百官赐假十日，以度佳节。宋代已经形成贩卖花灯的灯市，明代灯市又格外兴旺发达，灯火也极为盛行，如秦淮河一次放灯就达一万多只。杭州的灯火仍像宋代那样繁盛，有各种动物灯，奇窍的则有云母屏、水晶帘、万眼罩等。

有许多诗人都描写了各地的元宵之乐。如唐寅的《元宵》诗：

有灯无月不娱人，有月无灯不算春。
春到人间人似玉，灯烧月下月如银。
满街珠翠游村女，沸地笙歌赛社神。
不展芳尊开口笑，如何消得此良辰。

与宋代一样，元代猜灯谜仍非常流行。这样启迪了智慧，增加了乐趣，可是也有因此大开杀戒的。《剪胜野闻》记载：朱元璋一次微行观灯。有一则灯谜画了一个赤足妇人，怀抱一个大西瓜。大家都猜不出，朱元璋进去一看，怀疑这则灯谜是讽刺他和马皇后。因为马皇后是淮西人，生就一双大脚，自己幼年又当过和尚，他就认为这“怀西瓜”是隐喻“淮西”，并且是用西瓜喻光头和尚。于是第二天就下令戮杀居民，“空其室”。

明代创制了许多新的花灯。《陶庵梦忆》中有许多记载，但远不及文学

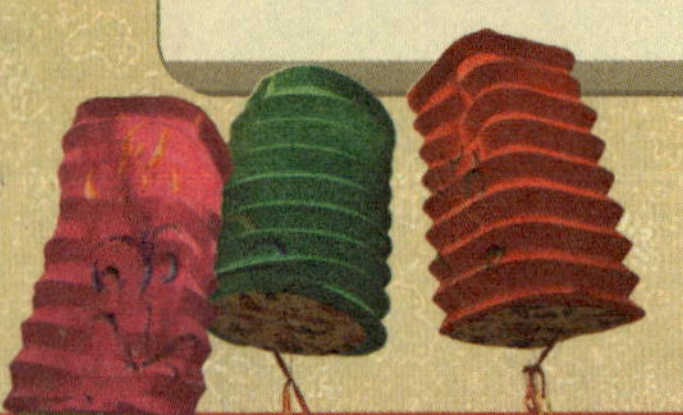

明宪宗元宵行乐图（明）

烟火

作品中描述的细致生动。如《金瓶梅词话》第十五回所写的灯市：只见那灯市中人烟凑集，十分热闹。当街搭数十座灯架，四下围列些诸门买卖。玩灯男女，花红柳绿，车马轰雷，鳌山耸汉……并且仅列举的花灯名称就有二十多种，如金莲灯、玉楼灯、荷花灯、秀才灯、和尚灯、通判灯、骆驼灯、鲇鱼灯等。这是对灯市的真实描写，实际上品种还不止这些。该书第四十二回还尽力赞颂了烟火的夺目绚丽，仅名目就有二十多种，或以动植物取名，或以神话传说取名，或以战争取名，不一而足。如西瓜炮、采莲坊、赛月明、落地桃、八仙捧寿、货郎担儿等。

4. 承袭汉俗的清代元宵节。清代满族入主中原，同样接受了汉族的元宵习俗，不过时间缩短了，恢复到明朝的五天。《燕京岁时记》载：“每至灯节，内廷筵宴，放烟火，市肆张灯。而大街之灯，以东四牌楼及地安门为最盛。”最值一提的是，满族将冰灯由寒冬时冰天雪地的黑龙江带入了中原，使得灯节增加了新的品种。冰灯是以冰块为器具，裁麦苗为人物的样子插在里面，华而不侈，朴而不俗，特别值得观赏。哈尔滨现在每年仍举行冰雕节，吸引了当地和南国数十万的观众。清代除继承了宋明两朝的烟火外，还时有创新。如新的名称：穿绒牡丹、金盘落月、五鬼闹判、炮打襄阳城等，难以列举。虽然节期缩短，但增加或演化了许多新内容，如舞龙灯、闹社火、踩高跷、跑旱船、扭秧歌、打腰鼓等。顾禄《清嘉录》中就有此类新习俗的描述：“看残烛火闹元宵，划出旱船忙打招，不放月华侵下界，烟竿火塔又是桥。”

元宵灯市

灯市

清代的灯市在很多地方都超过了前代。北京的灯市口、前门外、厂甸一带都曾开灯市。从灯市口至东四牌楼，家家都悬挂五色彩灯，赏灯者摩肩接踵，热闹至极。《清嘉录》中描述了江南灯市：腊后春前，货郎出售各色花灯，精奇百出。如人物则有西施采莲、张生跳墙、刘海戏蟾、招财进宝等；花果则有荷花、栀子、葡萄、瓜藕之属；百族则有鹤凤鳷（zhī，汉章帝时条支国进贡的异鸟）鹊、猴鹿马兔、鱼虾螃蟹之属；其奇巧则有琉璃球、万眼罗、走马灯、梅里灯、夹纱灯、画舫、龙舟，品目殊难枚举。清代南方还举行水上灯会，称“独龙戏水”。

儿灯

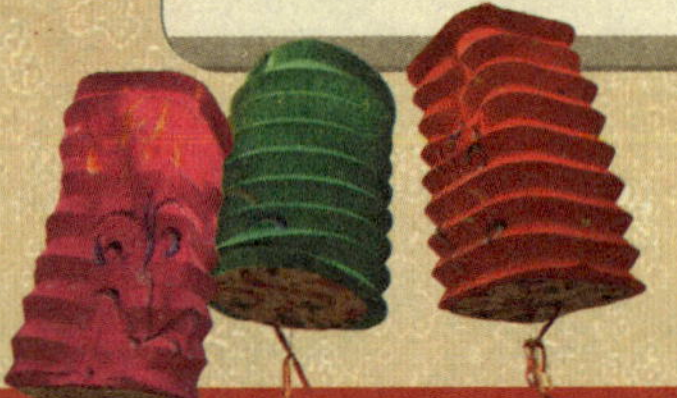

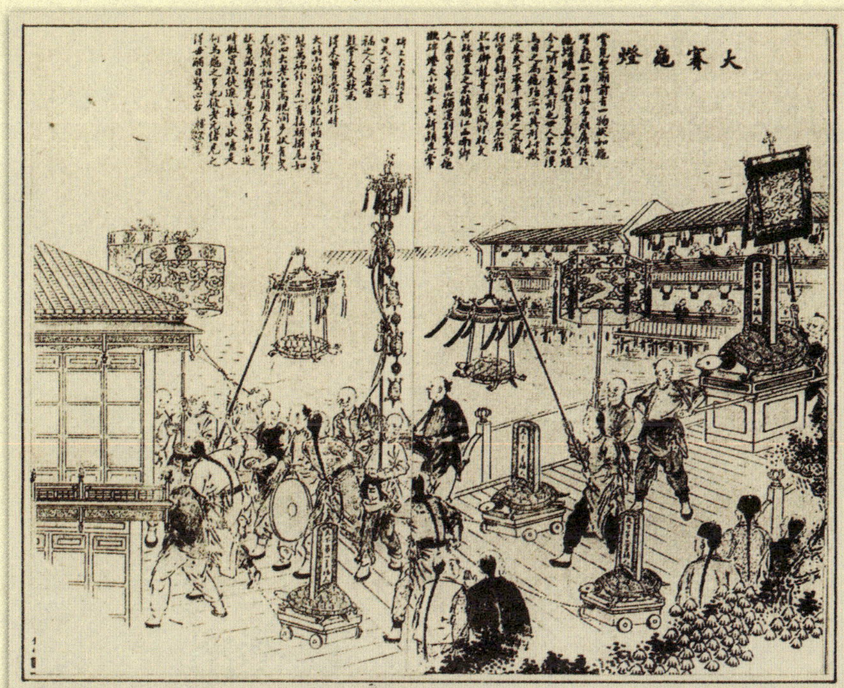

大赛龟灯

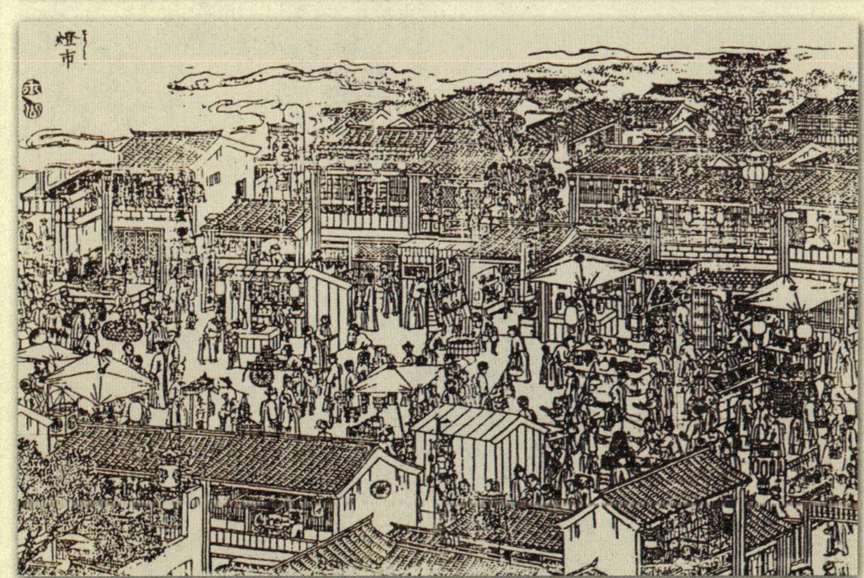

灯市

5. 灯火更加繁盛的近现代元宵节。近现代以至21世纪的今天，元宵节仍十分隆重。尤其是乡村民间的闹社火、踩高跷，走户串乡，往往络绎数十里不绝。现代科技为元宵节的繁盛更是锦上添花，使得花灯、烟火种类更加繁多。四川灯会已经在全国很多地方展示过，南京夫子庙灯会已是一项重要的旅游节目，杭州的西湖灯会、济南的大明湖灯会等都极负盛名，而起源于宋代的湖南浏阳烟花在2008年北京奥运会上，则风头更胜。它占了整个燃放数量的70%，并

竹马兔车

湛江的元宵节穿令箭表演，令箭穿过两颊，表演者神态自如

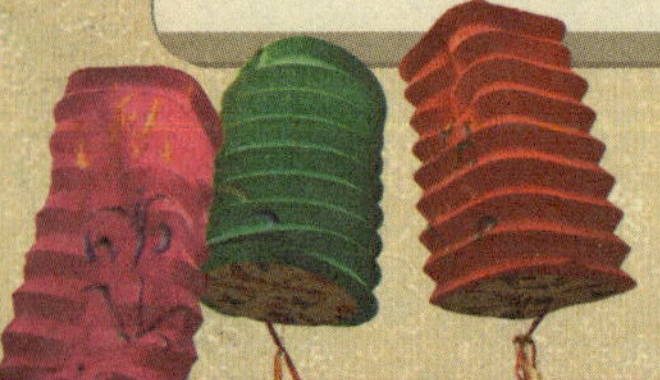

且以其美妙恢弘的造型、浓厚的文化意蕴，为奥运增光添彩，赢得了全世界人民的一片喝彩。

据中国新闻网报道：2009年元宵节前，一个长7米、高3米的巨型“牛灯”，于2月6日（农历正月十二）在上海豫园元宵灯会闪亮登场。这只造型逼真的“牛灯”，鼻孔还会冒烟，以应和牛年“牛气冲天”的寓意。该报道最后评论道：真是“没有最牛，只有更牛”！

三、元宵节的主要习俗

（一）寻忆佳偶在元宵

元宵节是全民的狂欢节，在一定程度上又如同七夕节那样，是中国的情人节。在元宵节的整个长河中，宋代是非常显眼和繁华的。特别是年轻人，在元宵节除了观灯、猜谜、游乐外，寻找佳偶是他们的一项主要内容。留下了许多令人神往的爱情故事或者一些令人警醒的风流韵事，也留下了许多情意绵绵、意蕴深刻的诗赋辞章。王安石《上元夜戏作》云：“马头乘兴尚谁先，曲巷横街一一穿。尽道满城无国艳，不知朱户锁婵娟。”

破镜重圆 年画

现在许多人都知道“破镜重圆”的故事。它发生在隋文帝时的元宵节，故事的主人公是陈后主（即陈叔宝）的妹妹乐昌公主和太子舍人徐德言。乐昌公主美如天仙，而且富有才华。徐德言已经看清南陈不久就要灭亡，他非常担心妻子的命运。说亡国后，夫人肯定入权豪之家，如果姻缘未绝，不知如何相见。于是两人商定，打破一面铜镜，各执一半，作为日后相见的凭证。并约定一旦亡国，两人离散，就在正月十五去京城街市卖镜子，互相寻访。

不久南陈灭亡，乐昌公主落入大将杨素的家中，颇受其宠爱，但乐昌公主却日夜思念丈夫。而徐德言则颠沛流离，千里寻妻到京城。在街市上，徐的破镜与乐昌公主派人所卖的破镜，合在一起，丝丝合缝，几乎看不出痕迹，就像一面好镜子一样，果然破镜重圆。徐德言感叹万分，挥笔题诗一首：

镜与人俱去，镜归人未归。

无复嫦娥影，空留明月辉。

乐昌公主得诗后，连日涕泣不食。杨素也被他们的坚贞爱情所打动，竟“怆然改容”，让他们夫妻团圆。

宋代元宵节在整个中国古代都是非常热闹的全民狂欢节，还使得一些皇帝“与民同乐”，文人墨客则挥毫写下了狂欢节中寻忆佳偶的诗赋辞章。

江西永丰县
欧阳修塑像

欧阳修《生查子·元夕》写的是一出爱情悲剧：

去年元夜时，花市灯如昼。月上柳梢头，人约黄昏后。

今年元夜时，月与灯依旧。不见去年人，泪湿春衫袖。

同样是花灯如昼的夜晚，只是由于去年的爱情已经消失，因而再美的月夜，自己不仅情趣全无，而且是泪湿衫袖。

李清照与丈夫感情笃深，南渡后，南宋偏安一隅，丈夫也已去世，于是晚年作感怀之作《永遇乐·元宵》：

落日熔金，暮云合璧，人在何处？染柳烟浓，吹梅笛怨，春意知几许。元宵佳节，融和天气，次第岂无风雨。来相召，香车宝马，谢他酒朋诗侣。

中州盛日，闺门多暇，记得偏重三五。铺翠冠儿，捻金雪柳，簇带争济楚。如今憔悴，风鬟霜鬓，怕见夜间出去。不如向，帘儿底下，听人笑语。

作者回忆起昔日汴京（今河南开封）元宵节的盛况、往日的整齐得体打扮，如今却是“风鬟霜鬓”，因而景随人变，见到的只是黄昏的夕阳、哀怨的梅花、弥漫的暮云。虽然杨柳依依，但也许转眼就风雨骤来。作者已经全无往日游赏观灯、吟诗唱和的雅兴，只是无限的落寞与凄凉。

李清照

朱淑真为理学家朱熹的侄女，婚后琴瑟不谐，时常处于痛苦煎熬之中，后忧郁而终。可是她的双亲和朱熹不允许她改嫁。真是一个才高命薄的悲剧女子。因此，佳节虽然热闹非凡，她却心事重重。其《元夜》诗对种种担忧及当时的悲喜心态袒露无遗：

火树银花触目红，揭天鼓吹闹春风。新欢入手愁忙里，旧事惊心忆梦中。但愿暂成人缱绻，不妨常任月朦胧。赏灯那得工夫醉，未必明年此会同。

她是难得欢乐，因而就要珍惜这短暂的宝贵时光。尽管月色朦胧、街有醉人，也不妨尽情赏灯游玩。

辛弃疾志向远大，雄略滔滔，“以功业自许，以气节自负”，以收复祖国失地为己任，屡次向南宋朝廷陈述北伐大计，却不被采纳。又数次被贬职罢官，闲居乡里达二十多年，真是“却将万字平戎策，换得东家种树书”。因此虽然英雄豪气，却也儿女情长。作《青玉案·元夕》：

东风夜放花千树，更吹落，星如雨。宝马雕车香满路。凤箫声动，玉壶光转，一夜鱼龙舞。

蛾儿雪柳黄金缕，笑语盈盈暗香去。众里寻她千百度，蓦然回首，那人却在，灯火阑珊处。

词中展示的是一片歌舞升平之状：千树花灯，如雨烟花，凤箫声声，明月如昼，通宵歌舞。但这些并未引起作者的兴趣，原来他是在寻找心上人，千找百寻，终于在零落稀疏的灯光下见到了她。也许作者在这里寻找的是北伐良策，因为在“暖风熏得游人醉，直把杭州作汴州”的南宋小朝廷里，他的北伐大计已经处处碰壁，就只能别处寻找了。

姜夔（kúi）屡试进士不第，多与杨万里、范成大、辛弃疾等前辈名家交往，非常支持辛弃疾的抗金事业，当然他未有这些人的豪气。他的《鹧鸪天·元夕有所梦》是忆旧之作：

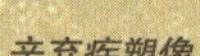

辛弃疾塑像

肥水东流无尽期，当初不合种相思。梦中未比丹青见，暗里忽惊山鸟啼。

春未绿，鬓先丝。人间别久不成悲。谁教岁岁红莲夜，两处沉吟各自知。

这首词是宁宗庆元三年（1197年）姜夔在杭州所写的“合肥情词”之一。二十多年前，词人曾逗留合肥，于勾栏坊间结识善弹筝琶的姐妹，此后天各一方。可词人旧情难忘，以梦为托，既思念绵绵，又带些悔恨。当初轻狂多情的少年如今已是鬓发如丝，彼此的境况却丝毫不知，只能如肥水滔滔东流那样各自思念。在热闹多情的元宵夜，这种情思就更加难以自制，悲痛

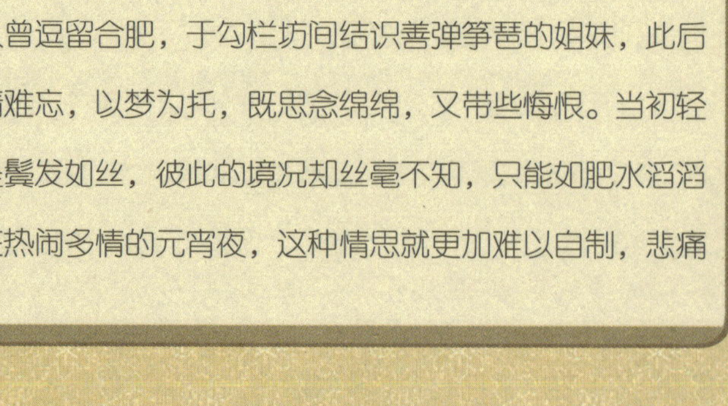

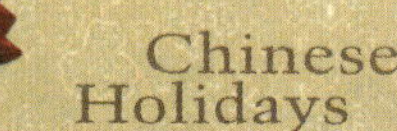

已沁入心骨，已不知所悲了。这是一份何等浓烈的情感！把这种相思情写得丝丝入扣、生动传神，使人回味无穷。

（二）捧腮摇首猜灯谜

猜灯谜属于猜谜的一种，首创于宋代。谜语在民间一般分为“谜字”和“谜物”，即民俗学所指称的“字谜”和“物谜”；除此之外的谜语，学界叫做“事谜”。谜语非常讲究艺术性，对谜底似有所指，又藏而不露。艺术上较为高超的谜语一般是七言四句的诗，讲究意境，朗朗上口。猜谜者自然也就主要是读书人了，但是在日常生活中，谜语通常是说出来的，不识字的人也同样可以参与。创制谜语有一定的规格，即谜格，大约有40余种，如卷帘格、秋千格、求凰格（求凤格）、回文格、调首格、调腰格、调尾格、加冠格、纳履格、嵌腰格、脱帽格、脱靴格、上楼格、下楼格、白头格、素心格、摘底格、折巾格等。卷帘格是倒读与谜面相扣。如“三十比九”，打一成语，正读为“差之念一”，倒过来就是“一念之差”。秋千格，取秋千作上下摆动之意。如“今天”，打一外国国名，“今天”就是“本日”，倒过来读就是“日本”。求凰格就是凤求凰的意思，和对联差不多，谜面是上联，谜底是下联，但又必须在谜底的前面或后面再加一个规定的字。例如，“黄金”打一画家名，应对为“白石”，再加一个“齐”字，为“齐白石”。这主要为读书人所遵守，民间一般只求与谜底“相像”。如湘西民间谜语：“黑脸包丞相，坐在屋梁上，扯起斜角旗，要拿飞天将。”谜底为“蜘蛛”。

太平春市图

猜谜必须展开想象、借题发挥，如以辛弃疾词“那人却在，灯火阑珊处”为谜面，谜底为“仃”。猜时取谜面“那人却在”中的“人”；把“灯火阑珊处”中的“火”、“阑珊”去掉，剩下“丁”；最后将“人”与“丁”组成一字，便是谜底“仃”。

至于谜语起源于何时，现在还无从确知。

猜灯谜是由观花灯派生出来的一种检验智力的游艺活动。到了唐代，花灯更加豪华，品种多样，五颜六色，还彩绘许多神话传说、古今故事、宗教经书等。到了宋代开国时，宋太祖号称以一条棍棒结束五代十国那分裂混乱的局面，打成四百座军州，创立三百余年基业。为了显示自己的文治武功、太平盛世，也就更加注重各种节日的规模和豪华；文人墨客为了显示自己的文才，就把流传世上及自己创制的谜语写于华灯上，于是在宋代就出现了灯谜。当时的许多文学家都是制谜高手，仅周密的《武林旧事》，就记载有十三位之多。还建立了谜社，制谜越来越多，花样越翻越新，猜谜越来越时兴。在京师、苏州、扬州这样的繁华城市，猜灯谜是一种非常迷人和热闹的游艺活动。

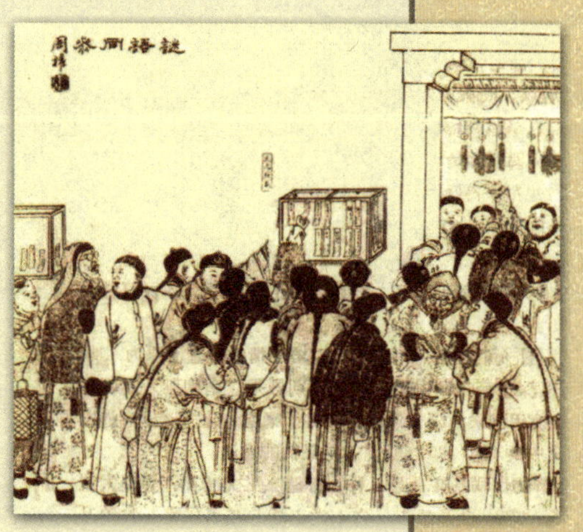

谜语同参
（清代）周慕桥

明清两代是谜语发展的极盛时期，仅以清末张玉森的《百二十家谜抄》所载，已经收集谜语十余万条。民间猜谜已不限于元宵、中秋、七夕等重大节日，平时空闲余暇、寒冬酷暑或者农闲之夜，大家聚集在一起，都可猜一阵，过过瘾。由于猜灯谜活动频繁，谜语甚至造成供不应求的局面，因此又拓宽路子，许多人又从诗词格律中寻求创新。明代有个叫马苍山的人，他首创了“广陵十八格”，是个谜语大家。谜格的出现标志着灯谜已发展到成熟阶段。

寺庙里是猜灯谜的主要场所，有相关人员主持，对猜中者发给奖品，既

显吉祥兆头，又让猜谜者高兴。于是猜中的人就越猜越高兴，越猜越想猜；猜不中者则灰心丧气，只得求助高手，或参与观赏其他活动，或回家用功。

猜灯谜中，出现了许多有趣的故事。

相传很久以前，有个财主，人称“笑面虎”。他见了衣着体面的人，就笑脸相迎；见到粗衣烂衫的，就吹胡子瞪眼。很多穷人因为要向他借钱借粮受尽了“笑面虎”的气。有个叫王少的年轻人，也曾因穿得破烂，一次去借粮时，被赶出大门。王少回家后越想越气，就扎了一顶大花灯，于元宵之夜，来到“笑面虎”家门前。花灯上题首一诗：

尖尖身细白如银，秤称没有半毫分；

眼睛长到屁股上，光认衣裳不认人。

“笑面虎”看罢，羞得面红耳赤，气得暴跳如雷，骂道：“好小子，胆敢到我门上来骂老爷。”就命家丁去撕花灯。王少忙挑起花灯，笑嘻嘻地说：“哎，老爷莫犯猜疑，我并非骂你，我这四句诗是个谜语，谜底就是‘针’。你寻思一下，是不是呢？！”“笑面虎”一寻思，可不是嘛，不过分明又是在骂自己，就是说不出口，只剩干瞪眼的分儿，灰溜溜地躲进屋里去了。惹得周围的人都哈哈大笑。

清朝顾震涛的一首《打灯谜》诗，就传神地描绘了灯谜的盛况和猜谜者的种种神情举止：

一灯如豆挂门旁，草野能随艺苑忙。

欲问还疑终缱绻，有何名利费思量。

一盏很小的发出“如豆”般昏暗光线的花灯挂在门边，吸引了来来往往的人，其中有猜谜高手，也有平头百姓。大家看一阵，思寻一番，想说出谜底又觉得没有把握，终究没有说出。作者对此评论道:也许天底下对任何功名利禄的追求，都不如此时所花费的心思多!

（三）元宵赏诗对灯联

被称为“父子双学士，老小二宰相”的清代安徽桐城人张英、张廷玉，皆能诗善对。一年元宵佳节，老宰相想试试儿子的才思，便出一上联：“高烧红烛映长天，亮，光铺满地”。廷玉思索时刚好听到门外一声花炮响，便马上借此对了下联：“低点花炮震大地，响，气吐冲天”。对句紧紧联系元宵，富有节日气氛，且异常工整。

最为人喜闻乐道的恐怕是王安石借助他人对联后，大小二“登科”的故事了。王安石20岁时进京赶考，元宵节路过某地，见一大户人家走马灯高悬，灯下挂一上联，征下联招亲：“走马灯，灯走马，灯熄马停步。”（《燕京岁时记》介绍其制作原理是：走马灯是剪纸为轮，用烛吹之，则车行马走，团团不休，烛灭后就停止了。）尽管他才思敏捷，也一时对答不

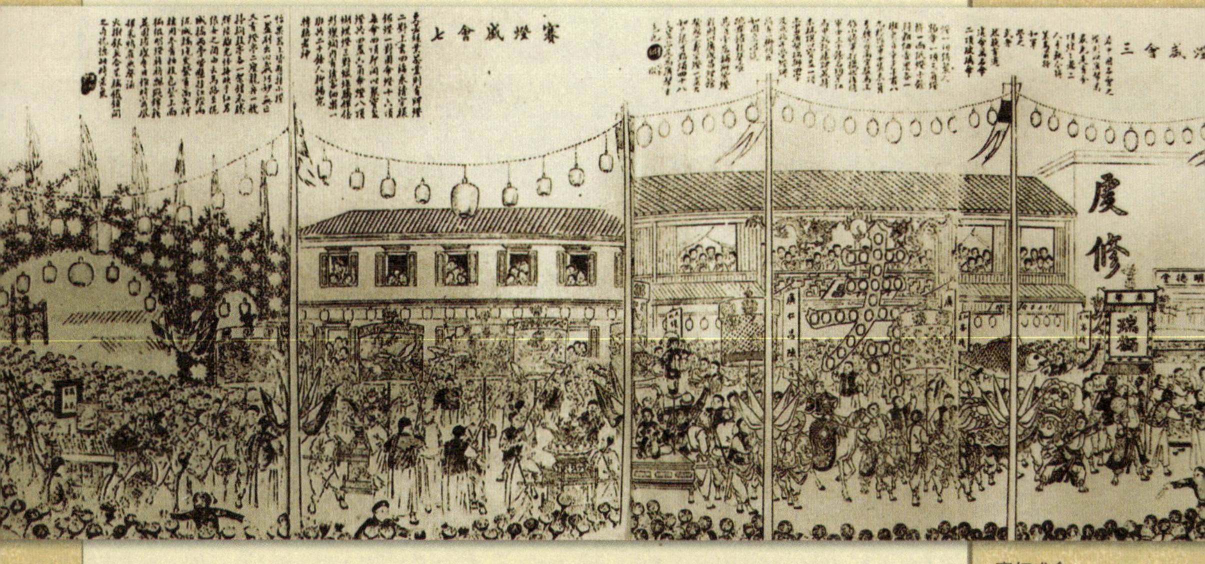

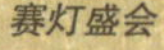
赛灯盛会

出，就默记心头。到了京城，考官以皇帝出行队伍中的飞虎旗出对：“飞虎旗，旗飞虎，旗卷虎藏身。”王安石脱口而出，以招亲联为对，被取为进士。归乡再次路过那户人家，得知招亲联仍无人对出，便以考官的上联回

对。主家大喜，招他为快婿。

一副巧合的对联，竟成就了王安石人生的两大喜事。民间又把“金榜题名”和“洞房花烛”称为“登科”，前者为“大登科”，后者为“小登科”。因此，也可以说借助一副巧联让他大小二“登科”。当然，王安石确实是少年天才，传说他一个晚上将一位官员家中的书全部看完了。第二天早上，官员考他，果然都能记住。不过“应对”和“观书”这两件事，显然都有夸大成分。科举考试，还要考作文等科目，仅凭一副对子是不可能考上的；一个晚上也不可能看完几千册书。民间这样传说，不过是显示出王安石的聪明伶俐和满腹诗书，表现民间“时来铁似金”或“时来风送滕王阁”的观念罢了。

明朝开国皇帝朱元璋普及了对联，其子明成祖朱棣也非常喜爱对联。一次元宵微服出游，遇一秀才，两人谈得颇为投机。就出联想试试他的课对才能，联云：“灯明月明，灯月长明，大明一统。”秀才马上对出下联：“君乐民乐，君民同乐，永乐万年。”“永乐”是明成祖年号，朱棣大喜，就赐他为状元。

乾隆皇帝颇有文采。传说一年元宵，兴致勃勃地带着满朝文武大臣前去观灯，看着五颜六色、美不胜收的花灯，真是龙颜大悦，便给大臣们出一谜联猜猜。随行的纪晓岚稍思片刻，就挥笔在宫灯上写了一副对联：

黑不是，白不是，红黄更不是。和狐狼猫狗仿佛，既非家畜，又非野兽。

诗也有，词也有，论语上也有，对东西南北模糊，虽为短品，也是妙文。

乾隆看了冥思苦想，文武大臣一个个抓耳挠腮，怎么也猜不出来，最后还是纪晓岚自己揭了谜底：“猜谜”（上联为“猜”，下联为“谜”）。原来纪晓岚的谜联，是以自己的谜联猜了皇帝的谜联：乾隆的谜底也是“猜谜”，可是他就没有想到，纪晓岚会“以其人之道，还治其人之身”！

（四）正月十五吃元宵

正月十五为啥吃元宵？这有一个凄美的传说，那是汉武帝时的事情。汉武帝的宠臣东方朔，足智多谋，善良滑稽。有一年冬天，一连下了几天大雪，东方朔就去御花园给武帝折梅花。刚进园门就发现有个宫女泪流满面准备投井。东方朔急忙上前拦住，问其原因。宫女哭诉道，她叫元宵，家住长安西北，上有二老下有小妹。自从她选入宫后，就再也没有见过家里的亲人了。每逢年底，就更加思念父母和妹妹。近日雪大风寒，想起父母年迈，妹妹尚小，生活艰辛，觉得自己不能给双亲尽孝，不如一死了之。东方朔听了她的遭遇，深表同情，就对她说，一定设法让她和家人团聚。

一天，东方朔在长安街上摆了一个摊子占卜，人们都知道他识天文通阴阳，便纷纷前来求卦。不料每个人所占的都是同一卦，签上都写着“正月十六火焚身”的兆语。顿时，偌大一个长安城发生了恐慌，人们纷纷讨教原因和解救的办法。东方朔说：“正月十六，玉帝要火烧长安。十三日傍晚，火神君会派一位赤衣神女下凡查访，她就是奉旨来烧长安的。我有一条偈（jì）语给你们，可以用来让皇上想想办法。”红帖上的偈语是这样写的：“长安在劫，火焚帝阙，十五天火，焰红霄夜。”

东方朔献桃

老百姓拿起偈语连忙进宫禀告皇上。汉武帝接过来一看，心中大惊，连忙请来了足智多谋的东方朔，询问对策。东方朔假装想了想，说道：“听说火神君最爱吃汤圆。陛下不是有一位宫女，名叫元宵，最会做汤圆吗？十五晚上可让元宵做好汤圆，万岁焚香上供，然后让元宵手提大宫灯，把名字

写在上面，我手捧汤圆随后，文武百官穿街走巷虔诚祈祷。并且传令京都家家都做汤圆，一齐敬奉火神君。再传谕臣民十五晚上挂灯，满城点鞭炮，放烟火，好像满城大火一样，就可以瞒过玉帝了。此外，把城中四门大开，让城外百姓十五晚上进城观灯。还请圣上、娘娘、宫女及文武大臣全都上街观灯，夹杂在不在劫的乡下人中，可以消灾解难。”武帝听后，十分高兴，传旨照此办理。

到了正月十五夜，长安城里张灯结彩，游人如织，热闹非凡。宫女元宵的父母也带她的妹妹进城观灯。当他们看到写有“元宵”字样的大宫灯时，惊喜地高喊：“元宵！元宵！”元宵听到喊声，终于和家人团聚了。

如此热闹了一晚后，长安城当然平安无事。武帝大喜，便诏令以后每年正月十五，都做汤圆供奉火神君，全城挂灯、放烟火。

因为宫女元宵做的汤圆最好吃，人们就把汤圆叫元宵，这天就叫元宵节。从此以后，正月十五都要吃元宵。实际上，直到宋代，民间才开始流行元宵节吃汤圆，最早叫“浮子”，后来有的地方又改称“元宵”。元宵节吃汤圆，有历史记载的，最早见于南宋诗人宋必大的《平园续稿》，书中有“元宵煮食浮阔子，前辈似未曾赋此”之语，“浮阔子”就是汤圆。传说则说元宵这种节令食品起源于春秋末期，唐代称为“面茧”、“圆不落泥”，宋代称为“圆子”、“团子”。我国幅员辽阔，元宵食俗自古就不尽相同。例如洛阳古有玉粱糕，福建有粉荔枝，陕西一些地方有在面汤里放蔬菜水果的“元宵菜”，河南灵宝一带元宵节吃枣糕，云南昆明吃豆面团，吉林朝鲜族吃“药饭”或“五谷饭”，等等。

元宵（汤圆）

围绕元宵的名称，曾上升到关涉政权生死存亡的高度。1912年，袁世凯篡夺辛亥革命成果，一心想当皇帝，又怕人民反对，一天到晚提心吊胆。一次他听到街上“元宵哩，元宵哩”的叫卖声，非常迷信的他，认为此“元宵”与彼“袁消”同音，而“袁消”有“袁世凯被消灭”之兆。于是，1913年元宵节前，下令把元宵改为“汤圆”。面对袁世凯这种霸道的封建专制和可笑的迷信行为，当时有位老人景定成在《洪宪杂咏》中写了一首诗予以辛辣的讽刺：

偏多忌讳触新朝，良夜金吾出禁条。

放火点灯都不管，街头莫唱卖“元宵”。

直到袁世凯垮台后，才恢复了元宵的名称。真是一出短命的闹剧和政治上的大笑话。至今，北方仍叫元宵，但南方多叫汤圆（汤元）。不知是南方对政治不太敏感，还是嫌麻烦不愿意改来改去。

吃元宵又与嫦娥联系在一起。传说嫦娥奔月后，后羿（yì）思念成疾。正月十四夜里，忽然有童子求见，自称是嫦娥的信使。童子对后羿说：“夫人知君怀思，无从得降，明日乃月圆之候，君宜用米粉做丸，团团如月，置室西北方，叫夫人之名，元夕可降。”后羿如法而行，嫦娥果然降临。那么元宵节吃元宵，又有取“团团

汤圆

如月”的吉祥之意了。

现在元宵节吃元宵，则寄托着人们希望在新的一年里圆满顺遂的美好心愿。

（五）脚踩高跷身显艺

踩高跷是民间盛行的一种技艺表演，流行于全国各地。早在公元前五百多年的春秋时期就已经流行，《列子·说符》篇，可能是我国对高跷的最早介绍：宋国有一个叫兰子的人，想以自己的游艺技巧在宋元君手下某一个差事。宋元君召见了他，想看看他的表演如何。只见他脚踩在高跷上，身子就增加了一倍，可以来回奔驰。七把剑轮番在空中和手上转换，其中五把剑常在空中。元君大为惊奇，立即赐给他金帛。

踩高跷

高跷，亦称“扎高脚”。六朝以前称“跷技”，宋代称“踏桥”，清代始称“高跷”，而“踩高跷”为天津方言。湖南许多地方称之为“骑高脚马”。

青海塔尔寺的踩高跷活动

踩高跷这种技艺，原是远古时人们为了采集树上的野果为食，给自己的腿上绑上两根长棍而发明的，后来慢慢演变成一种体育娱乐活动。高跷均为木制品，在刨好的木棒上凿一个隼口，再插进一块横向且稍向上跷起的脚踏板即可，踩高跷时，用绳索绑缚于腿部。表演者脚踩高跷，可以做舞剑、劈叉、踏凳子、跨桌子、扭秧歌等动作，技艺精湛者，如履平地。

在高跷秧歌中，北方与南方所演内容和人物有所不同。北方扮演的人物有渔翁、媒婆、傻公子、小二哥、道姑、和尚等，南方扮演的多为戏曲人物或角色，如关公、张飞、吕洞宾等八仙、小丑等。表演者边唱边演，根据表演内容和角色做出各种表情，或威武庄严，或滑稽幽默，或嬉笑怒骂。引得观众与表演者同欢同乐，同悲同泣。

（六）走百病与求子

元宵佳节里有些习俗，既有利于身心健康，又有着求子的目的，其中“走百病”与“求子”显得尤为突出。这些习俗在新中国成立初期仍有遗

生菜会

走百病

留。清代诗人六对山人，在《锦城竹枝词·走百病》中写道：“为游百病走周遭，约束簪裙总取牢。偏有凤鞋端瘦极，不扶也上女墙高。”

走百病又叫“除百病”、“散百病”、“烤百病”等，就是通过走桥、游街、转城墙等形式除去疾病，以利健康。明清时尤为盛行，参与者多为妇女，并且必须“联袂出游”。明清两代的妇女是罩白绫衫，成群结队，肩并肩、手挽手地出游，领头的一人举香开道，其他人尾随其后。“烤百病”则有所不同，需要象征性地用火烤一烤，也叫“跳火”。一般在十六日夜晚，烧一堆小火，孩子先跳，大人随后，不能行走的幼儿也要抱着从火上跳过。然后到桥上、街上、城墙上等处游玩。旧时北京民间有一种说法：正月十六夜，妇女成群出门走桥，不过桥者，认为不得长寿。在“走百病”时，还需摸钉，也多是妇女参加，所摸的是正阳门的大门钉。俗说这样做有利于生男孩。

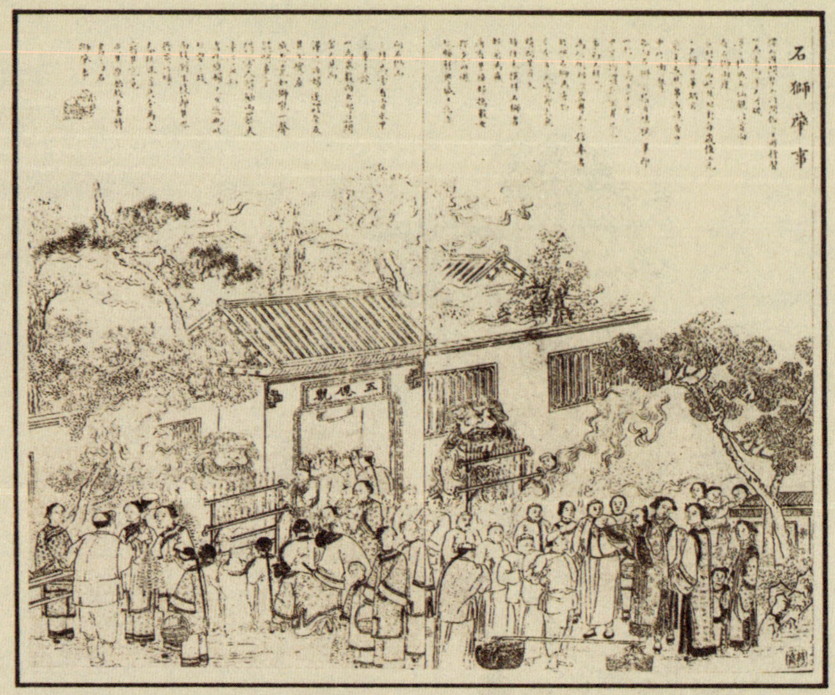

石狮肇事

北京前门大街的走街活动

肆

桑间濮上尽风流，如画三月显真情

——清明节

"中国寒食清明文化之乡"山西介休绵山牌楼 卫才华 摄

一、清明节的由来与演变

（一）清明节的由来

当元宵的狂欢尚存时，春风已绿遍了大江南北，清明的咚咚脚步已踏遍中国大地。清明，是二十四节气中的唯一节日。《淮南子·天文训》云："春分后十五日，斗指乙，为清明。"《岁时百问》云："万物生长，此时皆清净明洁，故谓之清明。"清明，由于气候宜人，春色满目，又有深厚的文化积淀，因而在这个节日里民俗活动非常丰富，又十分令人神往！

清明节主要源于2 600多年前的介子推，约形成于汉代。至唐代又将寒食和上巳两个节日融入其中，使得民俗活动更加丰富多彩。寒食节在清明之前的一二日，上巳节则在农历的三月初三。清明的由来主要有二：一是文人和民众的深情附会。民间传说由于晋文公意外地烧死了隐居绵山、不愿受封的介子推，于是非常悔恨，就号令臣民禁火、寒食一天。不过，《史记》和《汉书》中并未记载介子推被焚之事。刘向《新序》和桓谭《新论》开始提到此事，但仅寥寥几句，且并未把介子推之死与寒食禁火相联系。到了汉

介休绵山介子推之墓
卫才华 摄

介休绵山介子推与母亲塑像

卫才华 摄

末，蔡邕在《琴操》中始将禁火之事与介子推附会在一起。不过，他仍未把禁火时间视为清明前一二日的寒食节。陆翙（huì）《邺中记》云：俗以为冬至后一百零五天，为介子推断火冷食三日，作干粥。可见确定寒食节日期在魏晋之时。此为寒食节来历的传说。

二是皇帝与各级官员的以俗入礼和带头参与。《后汉书·明帝纪》注引《汉官仪》说：古代没有墓祭的礼仪，直到秦始皇在坟墓附近食宿，汉代沿袭而不改。当时洛阳许多皇帝的陵墓都在晦、望、二十四气、三伏、社、腊及四时祭祀。可见汉代对祭祖的重视。据《旧唐书·玄宗纪》载，唐玄宗于开元二十年（公元732年）下诏："士庶之家，宜许上墓，编入五礼，永为常识"。而唐宋两朝皇帝及大臣带头参加节俗活动，为清明节的定型及风俗的丰富发展又起到了强大的引领作用。

祭祖

（二）清明节的演变

1. 扫墓与戴柳。扫墓是清明节最重要的礼俗。早在西周时就有祭墓之俗。《礼记·春官》记载：“凡祭墓，为尸。”“尸”即神主。《礼记·檀弓下》记载颜渊与子路的对话中，就有“哭墓”、“展墓”、“式墓”的描写。前两者就是扫墓、拜墓，而“式”即“轼”，“轼墓”就是倚凭车前横木向坟墓行礼。秦汉时，上坟扫墓是清明节最重要的活动，且注入了礼俗的内容。严延年曾从京师跋山涉水、不远千里“还归东海扫墓地”（《汉书·严延年传》）。魏晋南北朝时期，尽管战乱频仍，生灵涂炭，但人们依旧重视扫墓。《魏书·高阳王传》载：官员碰到红白喜事和清明，都可请假，随便请一次假就接近一百天。到了唐代，民间扫墓已十分盛行，并将日期定为寒食节。自此，每逢清明，“田野道路，士女遍满，皂隶佣丐，皆得上父母丘墓”（柳宗元《与许京兆书》）。

宋代清明扫墓，比唐代更盛。《东京梦华录》载：“都人倾城出郊，……四野如市。”《梦粱录》亦载：“官员士庶，俱出郊省坟，以尽思时

扫墓
周慧慧 供图

之敬。车马往来繁盛，填塞都门。”元明两代亦同前朝。清代吴地，最重要的礼俗仍是上坟墓祭。褚人获《坚瓠集》说：现在的江苏，在清明前，男女老少都带上祭品、纸钱，祭扫坟墓。即使再贫困的，也要备上酒、豆腐和猪头。历代还对黄帝等中华民族始祖举行“国祭”，还在清明扫墓，缅怀先烈。

杜牧《清明》诗中“牧童指处”

处处垂杨柳，家家扫墓时。“清明时节雨纷纷，路上行人欲断魂。”（唐·杜牧《清明》）“乌啼鹊噪昏乔木，清明寒食谁家哭？风吹旷野纸钱飞，古墓垒垒春草绿。棠梨花映白杨树，尽是死生别离处。冥冥重泉哭不闻，萧萧暮雨人归去。”（白居易《寒食野望吟》）“南北山头多墓田，清明祭扫各纷然。纸灰飞作白蝴蝶，泪血染成红杜鹃。”（南宋·高翥（zhù）《清明》）这体现了人们念祖崇宗、慎终追远的情思。同时扫墓时又踏了青，可以说此时人们的心境是悲欢交融的。

戴柳始于插柳，即将柳枝插于屋檐和门上。唐代由于寒食禁火之俗已传入宫中，于是清明就要取火。据《辇下岁时记》载，每到清明，就在宫廷前钻榆木取火。先取得火者，皇帝就赐绢三匹，金碗一个。由于钻木取火较难，皇帝就把钻取的榆柳火神赐给近侍大臣以示宠幸（《春明退朝录》、《岁时广记》）。韩愈在《寒食直归遇雨》诗中就写道：“唯将新赐火，向曙着朝衣。”王濯、韩濬（jùn）等人都有诗作描写赐火情景。由此，有幸能获得皇帝赐火的达官贵人，就以之为荣，将传火的柳条插于门前，以炫耀于人。因此柳枝也身价大增，成为插柳的由来。后人争相仿效，相沿成俗。戴（插）柳的由来还有这几种传说：一是由于当时有谚语曰：“清明不戴柳，死后变黄狗。”（湘西20世纪六七十年代仍有此说）唐玄宗给诸臣赐柳圈，

以示赐福驱疫（《燕京岁时记》）；二是杨柳有灵性，可以避邪；三是屋檐上插柳比较醒目，可引导祖先的魂灵归来。

踏青时，还将柳枝插挂于轿子和车上。到了五代时期，江淮间寒食节，家家门前插柳。宋代此风则更盛。明清两朝，清明节俗已普及祖国南北。明代田汝成《西湖游览志余·熙朝乐事》记载，寒食、清明之日，杭州城里不仅家家门前插柳，而且男女老少都戴柳冠或柳圈。据《清嘉录》记载，清代每到清明，杭州满街都叫卖杨柳，人人都喜戴杨柳。杨韫华《山塘棹歌》对此描述得非常生动："清明一霎又今朝，听得沿街卖柳条。相约比邻诸姊妹，一枝斜插绿云翘。"

2. 踏青与流觞。

（1）踏青与流觞的起源。踏青之俗源于周代的修禊（xì），有春禊、秋禊，是一种出游临水、洗濯祓（fú）除的活动。《周礼·春官》云："女巫掌岁时祓除衅浴。"郑玄注谓："岁时祓除，如三月上巳如水上之类；衅浴，谓以香熏草药沐浴"，以除瘟疫和不祥。《诗经·溱洧》就记述了春秋时郑国的祓除活动："溱（zhēn）与洧（wěi），方涣涣兮；士与女，方秉兰兮。……维士与女，伊其相谑，赠之以芍药。"《论语》中也有孔门弟子游春的记载："暮春者，春服既成，冠者五六人，童子六七人，浴乎沂（yí），风乎舞雩（yú，古代求雨的祭礼），咏而归。"汉魏以后，游乐色彩逐渐占据了主要成分。踏青在三月，最初本来没有确定的日子。只是在上巳日（农历三月的第一个巳日）洗濯祓除，所以上巳日以及后来的三月三日也叫"修禊日"。《后汉书·礼仪志》云："是月（三月）上巳，官民皆洁于东流水上，曰洗濯祓除，去宿垢病，为大洁。"到魏晋时期，上巳节固定在三月初三，又由于清明和上巳日、三月初三日期相近，后世的踏青便以三月三和清明为节期了。踏青时女性多采荠菜花插在头上，因为俗云："三月三，荠菜赛灵丹"。这也正是清明这个祭祀节附带着踏青野游的基本原因所在。晋代王羲之的《兰亭集序》，描绘了他与41位名士在山阴兰亭修禊之盛况及当时的山水美景：永和九年（公元353年）暮春之初，“群贤毕至，少长咸集。此地有崇山峻岭，茂林修竹，又有清流激湍，映带左右。引以为流觞曲水，列坐其次。是日也，天朗气清，惠风和畅，娱目骋怀，甚可乐也。虽无丝竹管弦之盛，一觞一咏，亦足以畅叙幽情矣。”

至今仍令人十分神往的是“曲水流觞”。据传此俗起源于周公的曲水宴会。《荆楚岁时记》引《续齐谐记》曾详述此说：昔日周公于洛阳占卜，因为在流水上饮酒，所以有诗云“羽觞随波流”。又介绍道，秦昭王三月上巳节在河曲饮酒……后来两汉相沿，都是盛况如前。《荆楚岁时记》又云：三月三日，人们纷纷来到江河沼池，面对流水，举杯饮酒。 吴自牧《梦粱录》卷二则云：“曲水流觞故事，起于晋时。”比较起来，吴说更为合理。

“曲水流觞”所用的“觞”（酒杯）通常是木制的，底部有托，可以浮在水上。也有陶制的，两旁有耳，称“羽觞”，需放在荷叶上才能浮起。踏青时，人们坐在曲折回环的流水边，将酒杯置于水上，任其漂流。酒杯流到谁的面前，谁就取而饮之，饮毕即吟诗作赋。这是一个浪漫有趣的活动，也是展现才情的时机。非常热闹！由于找称心如意的曲折回环流水不太容易，于是风雅的文人士族就专门设计挖凿出随心所欲的曲水，在上面修建“流杯亭”。此后就可以随时“曲水流觞”了。这种活动以唐代

曲水流觞
《十二月令图轴》

最盛。《秦中岁时记》载：“唐上巳日，赐宴曲江，都人于江头禊饮，践踏青草。”杜甫《丽人行》亦云：“三月三日天气新，长安水边多丽人。”此俗宋代渐渐衰落，至清代，基本上已湮没无闻了。

（2）**唐代以后的踏青风俗**。唐代，此类习俗更为炽盛。杜甫《清明》诗云：“著处繁花务是日，长沙千人万人出。渡头翠柳艳明眉，争道朱蹄骄啮膝。”诸如流杯泛酒、乞子、打马球、蹴鞠、荡秋千、放风筝、斗鸡、拔河以及歌会，等等，也是清明踏青时常见的娱乐活动。《丽情集》记载天宝十三载（公元754年）清明节，唐玄宗下旨让宫女出宫恣游踏青。顾非熊《长安清明言怀》诗云：“明时帝里遇清明，还逐游人出禁城。九陌芳菲莺自啭，万家车马雨初晴。”

斗鸡

踏青也是很好的恋爱时机，留下了一些千古爱情美传，其中“人面桃花”的故事堪称经典。《唐诗纪事》载，德宗时诗人崔护，风流倜傥。清明时踏青独游长安南庄，至一村户，见花木丛萃，寂无人声。他因口渴，即叩门求茶。良久，一位楚楚动人的姑娘来到门前，捧杯请坐。两人凝眸相对，似有无限深情。茶毕，姑娘送至门外，似有恋恋不舍之意。第二年清明，崔护又去探访。见门院如故，桃花依旧，只是门挂一锁，人去楼空。他万分惆怅，于是挥笔于门扉题诗一首：

去年今日此门中，人面桃花相映红。人面不知何处去，桃花依旧笑春风。

后来两人终成眷属，崔护最终也官至岭南节度使。这个故事在关中广为流传，后被编成戏曲《金琬钗》，至今仍盛演不衰。

宋代清明节俗基本上沿袭唐代，而踏青之风比唐代更盛。如《乾淳岁时记》描述扫墓踏青者，在“南北两山之间，车马纷然。而野祭者尤多，如大昭庆、九曲等处。妇人淡妆素衣，提携儿女、酒壶、肴垒，村店山家，分馂（jùn，剩余的食物）游息。至暮则花柳土宜，随车而归”。《武林旧事》记载清明前后十日，杭州“城中士女艳妆浓饰，金翠琛缡（金黄翠绿色的玉饰腰带），接踵连肩，翩翩游赏，画船箫鼓，终日不绝”。柳永有一首《木兰花慢·清明》，其中写道：“折桐花烂漫，乍疏雨洗清明，正艳杏烧林，缃桃绣野，芳景如屏。倾城尽寻胜。……风暖繁弦脆管，万家竞奏新声”。描写了清明之美景和踏青的盛况。寒食、清明荡秋千，在宋代更为普及。文人对此多有描写。如王禹偁《清明》诗：“稚子就花拈蛱蝶，人家依树系秋千。”田况《寒食》诗：“临流飞凿落，倚树立秋千。”此类诗文不胜枚举。北宋末张择端的《清明上河图》，据斋藤谦所撰《拙堂文话·卷八》统计，画面各色人物达1 659人，所游地点为汴河两岸，充分反映了清明踏青娱乐的盛况。明代清明踏青成风。而传说中的乾隆皇帝七下江南，则是任何人都无法企及的超级“踏青”。

清明时节，人们既洒下了生离死别的悲酸泪，又回荡着踏青流觞的欢笑声。它令人体悟百味人生，从而更加珍惜当前而勇创未来！

2006年5月20日，清明节经国务院批准列入第一批国家级非物质文化遗

《清明上河图》（部分） 宋·张择端

产名录。2007年12月14日国务院公布了新修改的《全国年节及纪念日放假办法》，该节日从2008年起为国家法定节假日，放假一天。

二、清明节其他主要习俗

（一）好风凭借力，送我上青云——放风筝

清明时节，春色满目。风和日丽之时，正好放风筝。风筝产生于中国，后来慢慢传入西方，在科学史上占有重要地位，甚至有人将它与我国古代“四大发明”同等看待。

1. 风筝的起源。追溯风筝的起源，主要有两种，一为战争，一为巫术。

（1）起源于战争。风筝的前身——木鸢，产生于两千多年前的春秋战国时期。由于战争的需要，古人就用竹木料制成非常轻巧的鸟形，能在空中及时传递信息情报，这就是木鸢。其代表人物，相传是鲁班大师。《墨子·鲁问》中记载：鲁班削竹木，制成鹊鸟的样子，在空中飞了三天，也没落下。《淮南子·齐俗》也记载：“鲁班、墨子，以木为鸢而飞之。”后来随着我国丝织业和造纸术的发明和发展，木鸢也就不断演变发展，变成了“丝鸢”、“纸鸢”等。到了汉朝出现纸鸢，是用竹制成框架，用纸糊在上面，以细绳牵着，放之空中飞翔。

相传公元前203—202年，在楚汉相争的最后鏖战阶段，汉军包围了楚营，军师张良借大雾迷蒙之际，从南山背后放起丝织的大风鸢，让吹箫童子卧伏其上，吹奏楚歌，同时命汉军在四面唱起楚歌。楚军将士以为汉军占领了周围的所有地盘，于是人心惶惶，不战而散，楚霸王项羽也自刎乌江。这

放风筝

纸风筝

就是历史上“四面楚歌”的故事，民间更是留下了张良“洞箫吹散楚王八千子弟兵”的传说。

风鸢还能带上火药，用于攻击敌人。

（2）起源于巫术。巫术是借助人力，企图让神魔鬼怪等大自然现象臣服于人，从而达到消灾避祸甚至享受幸福的目的。

人们认为，人身上有时会沾上一些晦气。如果不把它及时放掉，就会给人带来否（pǐ）运，甚至会伤害身体，使病魔缠身。而释放晦气的方法之

放风筝
杨柳青年画

一，就是放风筝。《红楼梦》中就有这样的描写：林黛玉舍不得将制作精巧的风筝放掉，李纨就劝她："放风筝图的就是这一乐，所以叫放晦气。你该多放些，把病根儿带去就好了。"而当紫鹃要去拾断了线的无主风筝时，探春又劝道："拾人走了的（拾别人飞走的风筝），也不嫌个忌讳？！"因为晦气就沾在风筝上，拾了别人的风筝就会沾上别人的晦气。放风筝时，民间还将自己的所有烦恼、灾病统统写在风筝上，等风筝飞高时，就剪断引线，相信一切的不幸将会随着风筝随风飘逝。

放风筝虽然不能消灾，但有益于身心健康。中医认为，放风筝对人最大的益处是"吐浊扬清"。因为放风筝时，手牵引线，双手随风左右上下移动，双目仰视风筝，有时因为与别的风筝缠绕，或风力较弱，风筝摇摇欲坠，就会开口狂喊。这时就呼出了浊气，泄吐了内热，而且边放边追，加快了人体的吐故纳新进程，使人的肌体活力勃发。

2. 风筝的不断演化。风筝真正的命名可能在五代，《询刍录》有载：五代时李邺，在纸鸢上拴上竹笛，风吹笛管，嗡嗡有声，好像筝鸣，因而得名"风筝"。

唐代，风筝开始向娱乐性转化。不过放风筝主要在儿童中流行，青年男女特别是公子哥儿也偶有参加。唐代诗人有所记述。高骈甚至描写了夜间放风筝的情形："夜静弦声响碧空，宫商信任往来风；依稀似曲才堪听，又被风吹别调中。"

宋代，放风筝已经成为群众性的体育娱乐活动。北宋宰相寇准曾作《纸鸢》诗："碧落秋方静，腾空力尚微，清风如可托，终共白云飞。"南宋时期，统治者沉醉于江南的秀丽山水，无心恢复中原，终日如同林昇所描写的："山外青山楼外楼，西湖歌舞几时休，暖风熏得游人醉，直把杭州作汴州。"宫廷节日风俗更加奢靡，致使放风筝等娱乐活动更加盛行。

天津"风筝魏"金鱼风筝

清代，风筝的制作工艺及放飞技术有了很大提高，达到了相当精致的程度。曹雪芹在北京西山"穷居著书"时，曾细究风筝扎、糊之法，还写了《南鹞北鸢考工记》一书，书中详细介绍了如彩蝶、翼燕、螃蟹、双鲤、宠妃、双童等四五十种风筝的扎、糊、绘、放等技法和工艺。清潘荣陛《帝京岁时纪胜》记载："清明扫墓，倾城男女，纷出四郊，提酌挈盒，轮毂相望，各携纸鸢线轴。祭扫毕，即于坟前施放较胜。"清代人还认为清明风很适合放风筝。《清嘉录》中即有此识："春之风自下而上，纸鸢因之而起。故有'清明放断鹞'之谚。"喜放风筝的不仅有儿童，连老年人都争相娱乐。高鼎《村居》诗云："草长莺飞二月天，拂堤杨柳醉春烟。儿童放学归来早，忙趁东风放纸鸢。"有一首《竹枝词》将万人观看风筝高飞的盛况写得非常生动："风鸢放出万人看，千丈麻绳系竹竿。天下太平新样巧，一行飞上碧云端。"

清代形成了北京、天津、潍坊、南通四大风筝产地。形式多样，工艺精良，声音也更加悠扬动听。

对待风筝，不同地方也有不同的态度。民国时期，有的视风筝为神明，有的则疾之如仇。在放风筝时，有的地方认为放得越高越好，如果风筝断线飞走了，则认为不吉利。这与上古时，把放风筝时特意剪断引线、放走晦气的巫术观念，恰恰相反。这种观念与态度，既是进步也有退步：没有了这种巫术观念是进步，但认为断线就是不吉利，则是退步。这可能与做什么事情都不能失败有关。

现在不少风筝还以无线电遥控，能像飞行员特技表演那样，做出俯冲、爬升、转弯等各种精彩、惊险动作，令人惊叹！山东潍坊等地的风筝还飞入了国际市场。自20世纪90年代以来，每逢清明节前，便举行国际风筝节，世界各国朋友纷纷前来献艺观摩，热闹非凡。

（二）万里秋千习俗同，双手向空如鸟翼——荡秋千

荡秋千也是清明节一种主要习俗。此时桃红柳绿，摇荡秋千，则飘飘欲仙，别有情趣。

1. 秋千的来源。秋千的来源有多种传说，其一，说是创始于春秋时期我国河北东部的山戎民族。他们为了获得高处的食物，就用双手抓绳而荡。后来这种谋生的技能渐渐演变成了一种游艺，取名“千秋”。但这时的“千秋”只有一根绳子。齐桓公北征山戎后，把“千秋”带入中原。到了汉武帝时，宫中把“千秋”作为一种祝寿词，取“千秋万寿”之意。后来为了忌讳，将“千秋”两字倒转为“秋千”。

其二，来源于湘西凤凰的“赶秋”：古时一苗寨后生巴贵达惹，外出打猎，射落一只云中的老鹰，同时拾到从老鹰口中掉落的一只绣花鞋。为了寻找失主，便做了一架八人大秋千，邀请附近的人都来荡秋千，终于找到了丢鞋的姑娘七娘。以后便演化成了男女交往的体育娱乐活动。新中国成立后还以此为原型创作排演了《云中落绣鞋》的戏剧，并上了银幕。

清明荡秋千
选自《月曼清游图册》

2. 荡秋千的发展演变。南朝时，秋千已传到我国长江流域。这时的单绳秋千已发展成用两根绳子绑在一块踏板上的秋千。至唐代，清明打秋千已十分盛行。正如杜甫《清明二首》诗中云："万里秋千习俗同。"对于荡秋千，韦庄有诗描写得尤为出色："满街杨柳绿如烟，画出清明三月天。好似隔帘红杏里，女郎缭乱送秋千"。王建的《秋千词》写得更加形象生动："长长丝绳紫复碧，袅袅横枝高百尺。少年儿女重秋千，盘巾结带分两边。身轻裙薄易生力，双手向空如鸟翼。……回回若与高树齐，头上宝钗从堕地。眼前争胜难为休，足踏平地始为愁。"

打秋千在宋代更加普及。文人的此类诗文不胜枚举。如王禹偁《清明》诗："稚子就花拈蛱蝶，人家依树系秋千。"田况《寒食》诗："临流飞凿落，依树立秋千。"宋代女词人李清照在《点绛唇》中，描写了打秋千的切身感受："蹴罢秋千，起来慵整纤纤手。露浓花瘦，薄汗湿衣透。"打罢秋千，夜色已深，香汗湿透了衣服，懒慵慵的洗涤纤纤细手。将一位喜荡秋千

荡秋千

又有点玩世的少女形象描绘得非常准确生动。

明朝蔚然成俗。也有借助秋千喜结良缘的。明代李祯在《剪灯余话·秋千会记》中，描写的一段秋千姻缘即是现实生活的真实写照：元朝一位名叫孛罗的宣徽院使高官，家住北京积水潭。每年春天，家中女眷就在屋后的杏园里打秋千，谓之“秋千会”。一次，一位叫拜住的公子骑马经过园外，听到园内欢声笑语，探身张望，被一美艳少女吸引。窥望良久，被看园的发现，仓皇而走。人虽离开，但少女的美貌已深深留在他的心里，回家不久就犯了相思病。其母只好遣媒人到高官家里求婚。那位宣徽倒也通情达理，但要考考公子的文采，就命公子以秋千为题、《菩萨蛮》为调，赋词一阕。公子吟曰：“红绳画板柔荑指，东风燕子双飞起。夸俊与争高，更将裙系牢……”宣徽赏识其才，遂将女儿许配给他。

清代打秋千仍然成风。

荡秋千不仅是一种情趣盎然的娱乐，还是一项强身健体的体育活动。现代医学认为，常荡秋千对增进人体五脏六腑以及肌肉、骨骼等器官的生理机能，提高免疫功能，都具有显著作用，可以收到健脑益智、灵活四肢、畅通气血之功。而且置身于春光明媚的大自然中，确实充满了诗情画意，因而更加心旷神怡。真是“秋千打一回，平安三百六！”

三、古代文人与清明节

清明，既是一个祭祀节，也是一个踏青节。其民俗活动丰富多彩，令人神往！清明时节，人们既洒下了生离死别的悲酸泪，又回荡着踏青流觞的欢笑声。古代文人特别是唐宋两代文人墨客更是和清明结下了深厚的情缘，留下了许多脍炙人口的清明诗文，既描绘了多姿多彩的节日百相，又揭示了悲喜交加的人世沧桑。

（一）清明赐火显致荣

至唐代，寒食节禁火甚严，皇上却向近臣传赐蜡烛。韩翃的《寒食》

介子推护佑百姓
选自绵山壁画
卫才华 摄

诗对此有生动的描写："春城无处不飞花，寒食东风御柳斜。日暮汉宫传蜡烛，轻烟散入五侯家。"在这万户烟灭之时，近臣之家却轻烟袅袅，多么不平！寒食禁火，于是清明就要取火。韩愈在《寒食直归遇雨》诗中就写道："唯将新赐火，向曙着朝衣。"韩濬《清明日赐百僚新火》云："朱骑传红烛，天厨赐近臣。火随黄道见，烟绕白榆新。荣耀分他室，恩光共此辰。更调金鼎膳，还暖玉堂人。灼灼千门晓，辉辉万井春。应怜萤聚者，瞻望及东邻。"由此，有幸能获得皇帝赐火的达官贵人，就以之为荣，将传火的柳条插于门前，以炫耀于人。并将此火再传给千家万户，使得千门灼灼，万户如春，以显皇恩浩荡。诗中作者还以晋代车胤、西汉匡衡作比，希望皇恩能够遍施于民，不要遗忘包括像自己这样的穷苦书生。

宋代皇帝赐火范围要宽得多，不仅赐近臣戚里，也赐给一般的大臣。欧阳修《清明赐新火》描写了自己能忝列赐火大臣之列的高兴心情："鱼钥侵晨放九门，天街一骑走红尘。桐花应候催佳节，榆火推恩添侍臣。多病正愁饧粥冷，清香但爱蜡烟新。自怜惯识金莲烛，翰苑曾经七见春。"在多病之时，忽见桐花应候，一骑传火，自己能多次荣获皇帝的赐火，真是万幸！那么多病之躯也一定会早日康复。

晚唐以后，寒食禁火之俗转衰，至元代大体消亡，自然也就无赐火之举了。

（二）关山重重双泪流

古代特别是唐代的文人墨客，大都有建功立业的志向，因而常常远离故土，关山重重，有时连扫墓也未能如愿。

扫墓是清明节最重要的礼俗之一，表现了人们念祖崇宗、慎终追远的深深情思。早在西周时就有祭墓之俗。秦汉时，上坟扫墓是清明最重要的一项活动，且注入了礼俗的内涵。魏晋南北朝时期，尽管连年战乱，但人们依旧重视扫墓。到了唐代，民间扫墓已十分盛行，并将日期定为寒食节。宋代清明扫墓，比唐代更盛。元明两代亦同前朝。清代及民国许多地方，最重要的礼俗仍是上坟墓祭。

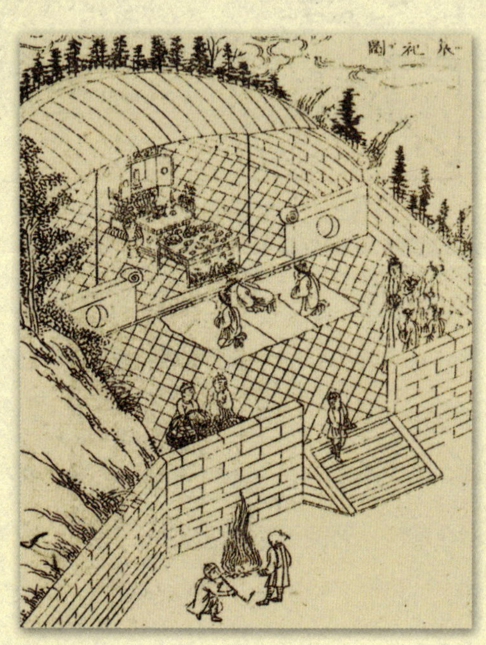

墓祀图

对此，古代文人的诗文，常常催人泪下，使之肝肠寸断！“清明时节雨纷纷，路上行人欲断魂。”（杜牧《清明》）明代郎兆玉《都下清明竹枝词》则描写了妇女也参与扫墓的情景：“鸦黄半臂石榴裙，柳叶斜簪拂翠云。载酒跨驴郊外去，逢人只说拜新坟。”未近墓地尚且如此悲伤，那么等见到亲人已永卧荒丘，心情又是怎样的呢？白居易《寒食野望吟》有凄恻悲切地描述：“乌啼鹊噪昏乔木，清明寒食谁家哭？风吹旷野纸钱飞，古墓垒垒春草绿。棠梨花映白杨树，尽是死生别离处。冥冥重泉哭不闻，萧萧暮雨人归去。”南宋高翥《清明》诗又云：“南北山头多墓田，清明祭扫各纷

然。纸灰飞作白蝴蝶，泪血染成红杜鹃。”身临此时此景，亲人生前的音容笑貌、言谈举止，亲人间的深情厚谊，哪怕是很细小的事情，也如同昨日，如在眼前。而今却是阴阳两隔，虽然纸化蝴蝶，泪水成血，逝去的亲人再也无从知晓。泪雨萧萧，暮色苍茫，只得万般无奈地回家了。

能在清明扫墓，也许会给生者稍许安慰，如果连这点也不能如愿，那就更添悲凉！王安石任舒州（今安徽舒城）通判时，因皇祐四年（1052年）寒食未能祭扫先父坟墓，所以思绪万千，泪如倾盆，作《壬辰寒食》：“客思似杨柳，春风千万条；更倾寒食泪，欲涨冶城潮。巾发雪争出，镜颜朱早凋。未知轩冕乐，但欲老渔樵。”李渔经历了由明入清、颠沛流离的战乱之苦，因而心情复杂、百味杂陈。其《清明前一日》云：“正当离乱世，莫说艳阳天。地冷易寒食，烽多难禁烟。战场花是血，驿路柳为鞭。荒垄关山隔，凭谁寄纸钱？”虽然艳阳高照，繁花似锦，柳垂驿路，但繁花好似鲜血染成，他也就无心插戴杨柳，因为战争非常惨烈，已以柳为鞭。而先人之墓却关山重重，也就只能心里流血，无从祭扫了。洪昇《寒食》诗抒发了多年未能回乡扫墓的悲愤心情：“七度逢寒食，何曾扫墓田？他乡长儿女，故国隔山川。明月飞乌鹊，空山叫杜鹃。高堂添白发，朝夕泪如泉。”诗中处处流露出自责、自惭。尽管乌鹊南飞、杜鹃声声催人归，却因山川相隔，也就只能平添白发，朝夕倾泪。俗云：“树高千尺，落叶归根。”而头染秋霜，连扫墓也不能，又是何等的悲凉！

清明时节，既有对已逝亲人的追思怀念，也有对生者的牵挂萦怀，还有对家乡的永远眷恋。如唐代权德舆一次暂时驻留弋阳，就想起了家乡取新火的习俗：“自叹清明在远乡，桐花覆水葛溪长。家人定是持新火，点着孤灯照洞房。”（《清明日次弋阳》）写出了深深的思家思亲及儿女之情。李群玉由于久别乡井、抛弟弃妹，就像漂浮不定的浮萍那样，不知何时才能团圆，于是作《湖寺清明夜遣怀》：“柳暗花香愁不眠，独凭危槛思凄然。

野云将雨渡微月，沙鸟带声飞远天。久向饥寒抛弟妹，每因时节忆团圆。饧餐冷酒明年在，未定萍逢何处边。”在“柳暗花香”的清明夜，诗人独自凭栏。放眼远望，一片凄然：月色幽暗，野云飘荡，山雨欲来，更有沙鸟哀哀鸣叫，飞向远方。真是“相思相见知何日，此时此夜难为情”！

长安（今西安）杜陵是韦应物的故园所在地，有乐游原，是游乐胜地。韦氏北人南官，作《寒食寄京师诸弟》：“雨中禁火空斋冷，江上流莺独坐听。把酒看花想诸弟，杜陵寒食草青青！”寒食之日遥想万里家园的京师诸弟；故园已春草萋萋，而“王孙”却不能归去。此诗真是王维“独在异乡为异客”的同调！也有北宋杨徽之“天寒酒薄难成醉，地迥楼高易断魂。回首故山千里外，别离心绪向谁言”之韵味（《寒食寄郑起侍郎》）。大概此时都是心同此情吧！

（三）踏青流觞竞风流

清明时节，春色满目：“雪云散尽，放晓晴池院。杨柳于人便青眼。更风流多处，一点梅心相映远，约略颦轻笑浅。一年春好处，不在浓芳，小艳疏香最娇软。到清明时候，百紫千红花正乱，已失春风一半。早占取韶光，共追游，但莫管春寒，醉红自暖。”（李元膺《洞仙歌》）这是一曲踏青的召唤令。理学家程颢也认为：“况是清明好天气，不妨游衍莫忘归。”（《郊行即事》）元曲中王元鼎的《醉太平·寒食》则抒写了闲适生活中的愉悦心情：“声声啼乳鸦，生叫破韶华。夜深微雨润堤沙，香风万家。画楼洗尽鸳鸯瓦，彩绳半湿秋千架。觉来红日上窗纱，听街头卖杏花。”

杜甫的《清明》诗描绘了一幅喜气洋洋、声势浩大的游春图：“著处繁花务是日，长沙千人万人出。渡头翠柳艳明眉，争道朱蹄骄啮膝。……弟侄虽存不得书，干戈未息苦离居。逢迎少壮非吾道，况乃今朝是祓除。”似

中国寒食清明文化之乡
山西介休绵山一景
卫才华 摄

乎长沙的花儿善解人意，特意在清明时才争奇斗艳，于是花添人兴，万人出城。美人与翠柳相映生辉，男儿跨马奔驰，争道抢先。但这些美景盛况似乎与己无关，因为他总是颠沛流离，凄苦度日，更何况“干戈未息”，弟侄杳无音信，自己也已年老多病，还是独自过节吧。诗中展现了自己正直、孤独的儒生形象，抒发了忧时、悯国、哀己之情怀。

在踏青流觞观赏美好春光的时候，难免有不尽如人意之处，如至亲好友或心爱之人不能一起游春，就自然会产生思念之情。宋代周邦彦的寒食节怀人之作《应天长》词，见出了词人的一片痴情：“条风布暖，霏雾弄晴，池台遍满春色。正是夜堂无月，沉沉暗寒食。梁间燕，前社客，似笑我闭门愁寂。乱花过，隔院芸香，满地狼藉。长记那回时，邂逅相逢，郊外驻油壁。又见汉宫传烛，飞烟五侯宅。青青草，迷路陌。强带酒细寻前迹。市桥远，柳下人家，犹自相识。”周邦彦还有被誉为“渭城三叠”，在当时就广为传颂的《兰陵王》词，也抒发了作者的离情别恨。其中“长亭路，年去岁来，应折柔条过千尺”、“回头迢递便数驿，望人在天北”、“斜阳冉冉春无极。……沉思前事，似梦里，泪暗滴”等，至今仍是广受人们喜爱的名句。

当然，若想追求圆满的爱情，便更加难免经历深深的相思之苦。宋代李之仪的《谢池春》词描写清明后的春色，抒发了一样相思、两种闲愁的滋味：“残寒消尽，疏雨过，清明后。花径敛馀红，风沼萦新皱。乳燕穿庭户，飞絮沾襟袖。正佳时，仍晚昼。著人滋味，真个浓如酒。 移带眼，空只凭、厌厌瘦。不见又思量，见了还依旧。为问频相见，何似长相守。天不老，人未偶，且将此恨，分付庭前柳。”对相思之情的描绘可谓丝丝入扣，生动传神；个中滋味，令人生无尽遐思，但最后恋爱未成的结局则给人留下了无穷的遗恨。而典型的单相思之作，留下的又是另一番情思。张先《青门引》云：“乍暖还轻冷，风雨晚来方定。庭轩寂寞近清明，残花中酒，又是去年病。楼头画角风吹醒，入夜重门静。那堪更被明月，隔墙送过秋千影。”真是寂寞情怀无人知，虽说隔墙亦天涯。与李清照所诉说的“乍暖还寒时候，最难将息”，有异曲同工之妙。

也有描写失恋的诗文，尤以宋人为胜。刘弇（yǎn）的《清平乐》写的就是失恋的感受：“春风依旧，着意随堤柳。搓得鹅儿黄欲就，天气清明厮句。去年紫陌朱门，今朝雨魄云魂。断送一生憔悴，知他几个黄昏。”虽然“春风依旧”，但去年的销魂之夜已难再续，人已非昨，所留下的只是一生憔悴。吴文英《风入松》则写了独自一人“听风听雨过清明”的无奈与悲伤：为了等待恋人的到来，他在“西园日日扫林亭”；看到“黄蜂频扑秋千索”，还痴情地认为仍“有当时纤手香凝”。可是恋人终未赴约（“双鸳不到”），于是自己也就只能在“料峭春寒”中借酒以解惆怅和悲伤了。

（四）旷达胸怀任平生

古代文人常常久不得志，甚至经常遭到种种残酷迫害。但大都能不以物喜，不以己悲，往往通过诗词骚句来表现他们的旷达胸怀。

王禹偁《寒食》

北宋王禹偁因得罪太宗，被贬为陕西商州团练副使。他作于淳化二年（公元991年）的《寒食》诗云：“今年寒食在商山，山里风光亦可怜。稚子就花拈蛱蝶，人家依树系秋千。郊原晓绿初经雨，巷陌春阴乍禁烟。副使官闲莫惆怅，酒资犹有撰碑钱。”他能在逆境中，胸怀旷达，心情愉快，还带着几分诙谐之趣自我安慰：酒钱还是有的！这实际上也是对朝廷摧残人才的辛辣讽刺。他还有《清明》诗：“无花无酒过清明，兴味萧然似野僧。昨日邻家乞新火，晓窗分与读书灯。”清明时节，诗人却为何“无花无酒”、“兴味萧然”呢？常言道：悲莫大于心死！他一定有不可言说的悲伤。不过从中我们既看到了一个孤独、贫困者，也能领略到一个安分守己、以书为友的文人形象。

南宋赵鼎因支持岳飞抗金，屡遭秦桧陷害，被贬至今广东崖县。其《寒食书事》云：“一樽竟藉青苔卧，莫管城东奏暮笳。”诗中这种行为，看似超尘拔俗，实乃愤懑不平而又无可奈何。念念不忘“王师北定中原日”的陆游，非常崇拜岳飞，由于收拾山河的志向未能实现，也像辛弃疾“却将万字平戎策，换得东家种树书”那样，无所事事。其《寒食》诗，通过三峡风光及异乡过节的描写，展现了无可奈何的漂泊之状：“峡云烘日已成霞，瀼水生文浅见沙。又向蛮方作寒食，强持扈酒对梨花。身如巢燕年年客，心羡游僧处处家。赖有春风能领略，一生相伴遍天涯。”但诗人情绪并未太多低落，他能通过“巢燕”和“游僧”来自我宽解、自我安慰，于失意中寻求解脱。

陈与义以一介病夫之躯，描写了清明的美景：“卷地风抛市井声，病夫危坐了清明。一帘晚日看收尽，杨柳微风百媚生。”（《清明》）面对卷地

寒食节传统食品

东风、聒噪市声，自己一个病夫却能在清明整天心闲气定、正襟危坐，他阅尽了朝霞夕阳，看到的是依依杨柳、百媚微风。清明时节他哪里是在看物候美景，他是在阅读领略百味人生！

悲喜清明、百味人生，古代文人心目中的清明节竟是如此真切鲜活、如此悱恻缠绵！

伍

龙舟竞渡闹洋洋，吃粽插艾酒飘香

——端午节

北京龙潭公园龙舟赛 谭忠国 摄

一、端午节的起源及演变

五月端午，石榴花红，艾草熏香；江水平岸，百舸争流。端午节又名端阳、重午、端五、端节、蒲节、天中节、诗人节、女儿节。关于它的起源，尽管众说并存，但其一独盛，即：它是纪念爱国诗人屈原的节日。不过，实际上端午节的许多民俗早在屈原之前就存在了。

龙舟竞渡，传说起源于远古的虞舜时期。中唐大诗人刘禹锡曾经被贬至湖南常德10年。在其《竞渡曲》诗序中，他说："竞渡，最早始于武陵。至今举起船桨而相和歌唱，齐声呼喊"屈大夫在哪里"！这是招屈原之魂

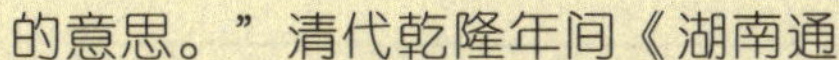

的意思。”清代乾隆年间《湖南通志》云：“龙舟竞渡，最早始于武陵。”《事物原始》引《越地传》则云：“竞渡之事起于越王勾践。”闻一多在《端午考》及《端午节的历史教育》两文中认为，古越民族以龙为图腾。为证明他们的“龙子”身份，借以巩固自己的被保护权，他们不仅“断发文身”，而且每年在五月五日举行盛大的龙图腾祭祀，并用制成龙形的独木舟举行竞渡。

盘古塑像

但此俗并不是越地的人仅有，我国有近30个少数民族有龙舟竞渡之俗，但并非全是为了纪念屈原。湘贵边境一带的苗族龙舟竞渡是为了纪念一位勇斗毒龙、为民除害的老人故亚。在湘西，则说是为了纪念开天辟地的盘古、屈原，或者苗族始祖蚩尤。侗族则是为祭祀河神和祖先杨再思……并且清赵翼《陔（gāi）余丛考》云：“竞渡不独（端）午日也。”但总体看来，龙舟竞渡是以沅湘一带为中心的南方风俗。起源主要有二：一是祈年，祈求风调雨顺，五谷丰

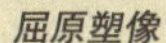
屈原塑像

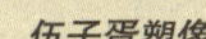
伍子胥塑像

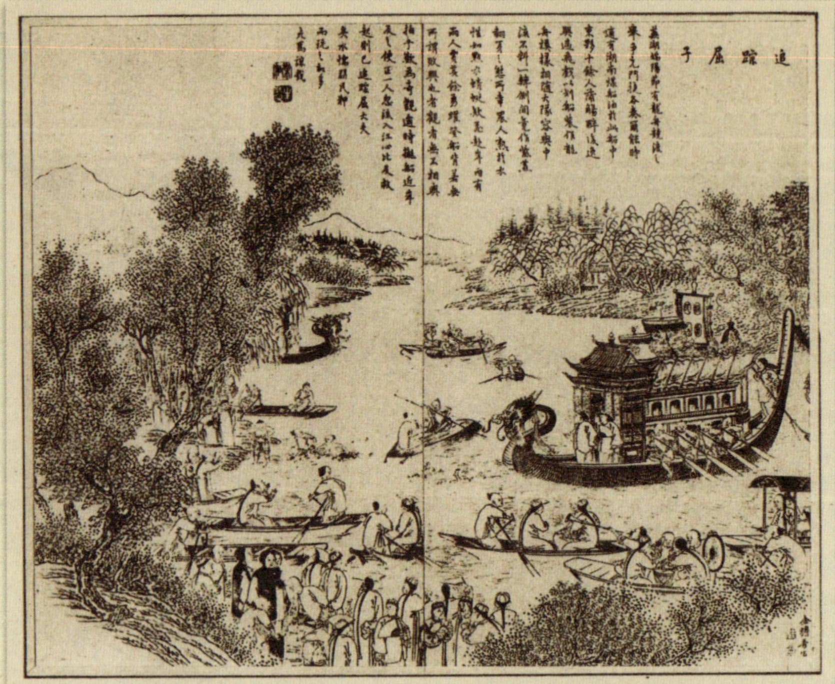

追踪屈子

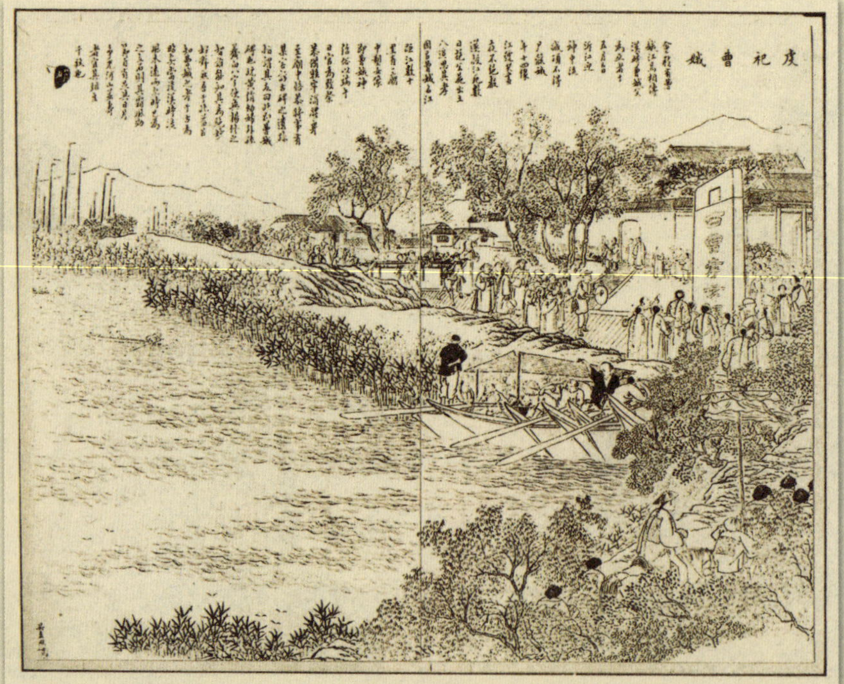

虔祀曹娥

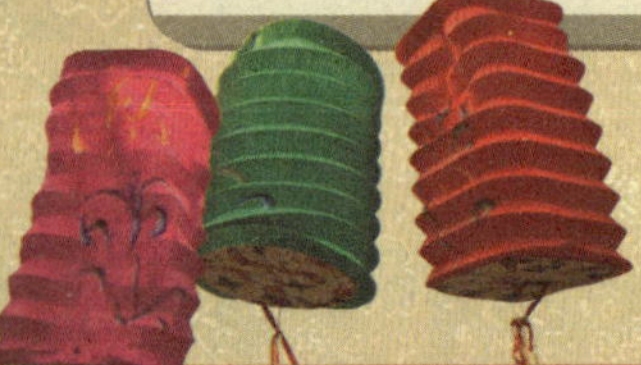

登；二是驱邪，祈求神灵保佑众生康健。

起初，端午所纪念的人物因时因地而异。东汉末年蔡邕在《琴操》中认为，五月五日是为了纪念晋文公的贤臣——忠心耿耿、不愿出山而被烧死的介子推，但山西至今没有竞渡之俗。还有纪念伍子胥、曹娥等说。《梦粱录》载，伍子胥死后，化为钱塘江潮神。《曹娥碑》云："五月五日，以迎伍君。"关于曹娥，《后汉书·列女传》及《会稽典录》中记载，其父由于在五月五日迎潮神时溺死，当时年仅14岁的曹娥沿江寻父，最后投江而死。数日后，曹娥抱父尸浮于水面。东汉以孝治国，认为曹娥孝心感动了神灵，可作世人楷模。故在此日龙舟竞渡，在龙舟上塑曹娥之像以示纪念。

魏晋南北朝时期，社会动荡，战乱频繁。而屈原的爱国精神和高尚节操，由于与时代比较合拍，因此，端午竞渡作为纪念屈原的说法，基本上得到了全国的公认。这样，融合南北风俗，在长达两千多年的岁月里，就产生了以龙舟竞渡为代表的许多民俗活动。

2006年5月20日，端午节经国务院批准列入第一批国家级非物质文化遗产名录。2007年12月14日国务院公布了新修改的《全国年节及纪念日放假办法》，该节日从2008年起为国家法定节假日。

端午祭祀
谭忠国 摄

二、端午节的主要习俗

(一)龙舟竞渡

1.历代龙舟竞渡习俗。划龙舟是端午节的主要习俗。所谓龙舟，就是雕刻成龙形的船只，是以龙为标志的竞渡船只，有大有小，现在一些地方的竞渡龙舟已经比较小，并且也不限是否雕龙了。虽然传说龙舟竞渡起源于远古的虞舜时期，但兴盛期还是自隋唐才开始。

龙舟

《隋书·地理志》描写汨罗端午竞渡，令人神往："迅楫齐驰，棹歌乱响，喧振水陆，观者如云。"唐代节日，充满着更多的娱乐成分。特别是盛唐，竞渡之风盛行。竞渡之俗，在唐代已传入宫中。唐敬宗曾下旨造20艘大龙舟，以供自己观赏竞渡之用。端午佳节甚至吸引了宫女龙舟竞渡。总之，唐代的龙舟竞渡曾波及到很多水域、许多阶层和群体。

宋代皇室经常在京城汴梁（今开封）的皇家禁地金明池，举行龙舟竞渡。《清明上河图》的作者——宋代张择端绘有《金明池争标图》。周密的《武林旧事》描绘了民间如火如荼的竞渡：十余艘龙舟，上面彩旗飞舞，鼓声阵阵……男女老少汇集在两边堤上，几

金明池争标图
（宋）张择端

乎无立足之地。水面上船桨如鱼鳞那么多，几乎无法行舟。欢歌箫鼓之声，震动远近。

龙舟竞渡　选自清《十二月令图轴》

明清以后，竞渡规模越来越盛，尤其南方的竞渡引起轰动。据《武陵竞渡略》记载，竞渡日期大大延长，“四月八日揭篷打船，五月一日新船下水，五月十日、十五日划船赌赛”，最迟“二十七八送标（结束）”。龙船形制很大，短者七丈五尺，中等的九丈五尺，长者达十一丈。龙船颜色分白、黄、青、红、黑、花等，并且要求船上所有的颜色必须一致，包括旌旗罗伞的装饰、赛手的服装甚至船桨。赛手则是身强力壮、训练有素的渔家健儿。竞渡胜负的标志是“夺标”，即在终点将“标”摘走。“标”分为鱼标、鸭标和铁标，因标上系有黄锦缎，故也叫“锦标”。

《明宫史》称，万历皇帝曾驾幸西苑，观看龙舟竞赛。明张岱《陶庵梦忆》记述：瓜州龙船一二十只，每只船上坐着二十人持大桨……金山人群汇集，隔江望去，像蚂蚁蜜蜂屯集。晚上万船齐开，两岸人声鼎沸。

龙舟夺标

清代，无论在竞渡流域、参加人数，或是影响方面都超过以往各朝。《清稗类钞》载：“乾隆初，高宗于端午日，命内侍习竞渡于福海，画船箫鼓，飞龙鹢（yì）首，络绎于波浪间，颇有江乡竞渡之意。”乾隆皇帝还写有：“中流九龙舟，谁肯相参差”等观竞渡诗。

湖南、湖北各水域端午竞渡自古一直非常兴盛。屈原投江的时候，秦军已封锁了长江入洞庭湖的水路，楚国的洞庭湖、汨罗江和湘、资、沅、澧流域就受到了秦军的严重威胁。于是激发了楚国民众爱国保土的热情，在端午节里，一方面举行龙舟竞渡纪念屈原，一方面训练水军以抵抗秦国。武陵沅湘一带龙舟竞渡，船大人多（现在舟已较小，也不限独木舟）。竞渡时，只见龙舟昂首翘尾，气宇轩昂。场面浩大，气势磅礴，热闹非凡。至今长江等南方流域许多地方仍有招屈原之魂的歌谣，其词情真，其声悲切，能使赛手、观众哭成一团。几百位赛手在江心合唱，这深沉悲壮的歌声响彻天空，

汨罗国际龙舟节

随滚滚大江飞扬远方。所有龙舟，桨桡翻动，奋勇夺标。两岸观众，欢呼雀跃。呐喊声，助威声，鞭炮声，锣鼓声，波浪声，交相辉映，响成一片，将竞渡推向高潮。

苏杭一带，竞渡仪式程序复杂，竞渡的表演性和娱乐性更强。《清嘉录》对此叙述得极其详细生动，引人入胜：男女老少，倾城出游。白天像现在的节日市场一样，欢呼笑语之声，遐迩震动，称为“划龙船市”。河中船桨如鱼鳞那样。夜里，灯火如同繁星，非常奇观。

特别是20世纪末以来，湖南沅陵县每年都举行国家级的龙舟赛，汨罗更是举办国际龙舟节（其中1991年，参会者多达十余万人）。湘西的龙舟竞渡，参赛的村寨都是男女老少全部出动。届时，已出嫁的女儿则不分远近，带着酒肉、鞭炮、红绸等礼品及时赶到竞渡河段助威。赛后，要“赏红”（将红绸系在船头），放鞭炮，给船队奉送礼金，将酒肉送给全寨分享。如果哪个寨的龙舟上系的红绸最多，放的鞭炮又多又响，吃的饭菜极其丰盛，哪个寨就最风光。这是民众的集体生活世界，输赢涉及全村、整个氏族和已出嫁女儿们的面子、荣誉，因而龙舟竞渡可说是他们一年一度的头等大事。甚至有因此而引起宗族械斗的。

2. 少数民族的龙舟竞渡。少数民族竞渡的龙舟形状、赛手装扮和竞渡规则都有鲜明的民族特点。其传说又十分令人神往。

贵州台江县
施洞镇的龙舟节
黎敏 摄

云南傣族赛龙船，是为了纪念民族英雄岩洪娥（或称红窝）。传说很久以前，勐巴拉地方在一个凶残的国王统治下，国王有7个女儿，前6个都嫁给了邻国的王子，唯独七姑娘自己找了一个穷小子岩洪娥。于是国王非常恼怒，多次设计想杀害他。最后国王向7个女婿提出划船比赛。国王和6个王子用的都是大船，比赛时都向岩洪娥的小船撞来，企图把他害死。突然，小船变成一条龙，大船反被撞翻，国王被淹死。于是乡亲们推选岩洪娥为新国王，从此过着美好的生活。傣族赛龙船，在公历4月13日至15日的泼水节。龙舟近40米长，赛手50人。赛手一般裹红头巾，一人站立船中，手敲铓锣指挥。龙头站立4人，顺着水势压船引道，船尾同样也站立4人掌握航向。也有身着筒裙的姑娘们举行的龙舟竞赛，特别是20世纪90年代后。这可能与泼水节又是纪念为勇除恶魔而献身的7位傣族姑娘的动人传说有关。

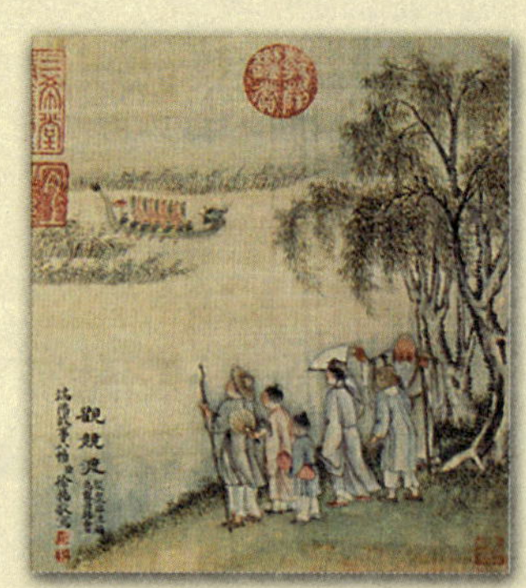

观竞渡

洱海白族的划龙舟已经流传了数百年。清代师范《滇系》记载：“七月二十三日，西洱河滨有赛龙神之会。”现在为每年农历八月

贵州台江县施洞镇苗族龙舟的龙头
陈子艾 摄

初八的“耍海会”节。传说古时候，白族一位勇士入洱海为民除害，最后与经常伤害人畜、造成洪水泛滥的蟒蛇同归于尽。人们敬他为洱海龙王，于是每年举行“耍海会”，划龙舟来纪念他。还有传说是为了纪念南诏时期（唐代），为了寻夫投湖而死的柏节夫人。白族龙舟的四周插满各色彩旗，船头、船尾系着响铃，挂上彩绸飘荡的绣球。划手为十男十女。与傣族不同的是，船头站立唢呐乐手，船中有一人指挥，船尾站立锣手。白族划龙舟要划一个来回，因此在临近折返点转弯时，又是速度和技巧的较量。云南的少数民族竞渡，妇女们甚至是主力军。这与传说以及日常水上生活中，妇女起着主要作用有直接关系。

苗族的划龙舟传说已有两千多年，尤以贵州的清水江流域最具特色。时间为每年农历的五月二十四“龙舟节”，为的是纪念勇杀恶龙的老年英雄保公。清代徐家干《苗疆闻见录》就记载：苗民“好斗龙舟”，“其舟……前安龙头，后置凤尾，中能容二三十人。短桡激水，行走如飞”。其龙舟与众不同，称为“子母船”，由杉木、桐木（俗称龙木）制成的三只独木舟并排尾部对齐，钉绑而成。中间的为母船，长7丈，宽3尺。两旁的为子船，各5丈长。龙头上安有一副又长又大的木制水牛角，角上分别写有“风调雨顺”、“五谷丰登”、“国泰民安”等吉利祝词（北京师范大学陈子艾教授1990年实地记述）。赛手为38名，主要站在两旁的子船上，身着紫青色对襟衣和丹士林布裤，头戴尖顶的马尾斗笠，帽檐上插三片宛如凤冠的银片。母船船头有一名鼓头，背靠船头，面向划手，进行指挥。面对船头，则坐着一个身着女装、十岁左右的男孩（女性地位很高的遗风），担任锣手，根据鼓点敲打铓锣。船尾还有一位舵手，执桨掌握航向。竞渡的中心河段为施洞的塘龙寨。此外，苗家还有一个良俗，即彼此有隔阂的人只要坐上龙舟，就会握手言和。

湘西凤凰土家族划的龙舟，则是两只小船并排连在一起，称为“双舟”。地点为城东门外虹桥下的回龙潭，有男船、女船。有时还有六十多岁的老婆婆擂鼓敲锣。赛后还要争捉河里的鸭子以添趣助兴。

3. 龙舟竞渡近况。现在我国有近20多个省、自治区举行龙舟竞渡，其中又以湖南、湖北、江西、四川、广东、贵州、广西等最为突出，而龙舟之乡湖南尤盛。湖南几乎在有河流的地方都有龙舟竞渡，其中又以汨罗、沅

中国沅陵
传统龙舟大赛

陵、泸溪等地最为突出（这些都是屈原被流放的地方，汨罗江还是屈原投水而逝的河流），大多数时候都是民众自发组织参赛。湘西有首民谣：儿划头，孙划腰，胡子老爹来掌艄”，表现了一家三代参加划龙舟的踊跃热情。届时，已出嫁的女儿则不分远近，带着酒肉、鞭炮、红绸等礼品及时赶到竞渡河段助威犒劳。20世纪80年代以来，主要由政府承办。1984年，国家体委将龙舟竞渡列为比赛项目。以株洲县为主组成的湖南省龙舟代表队，参加了1984年、1985年、1987年及1988年分别在广东顺德、湖北宜昌、四川新津、湖南岳阳举行的第一届至第四届全国“屈原杯”龙舟赛，除第一届外，每届都取得了骄人的成绩，特别是第三届，男女队双双荣获第三名。第四届，岳阳市男队荣获第三名，女队荣获第四名。

20世纪90年代，北京地区也开展了龙舟比赛，有时多达几十个队参赛，赛程分为500米、800米、1 000米不等。前几届在颐和园昆明湖上举行，后来在密云水库举行。龙舟比南方的要小些，长约12米。每船有鼓手1人（负责指挥），锣手1人、舵手1人、划手14人。比赛采取分组淘汰制，每组8个队，荣获前三名的授予奖杯和奖金。

20世纪80年代以来，龙舟运动正走向世界，除东南亚广泛开展外，在英、法、美、德、加拿大、意大利以及奥地利等国也开始举行。中国、中国香港、日本、加拿大、澳大利亚每年都举行国际邀请赛，广东顺德队多次代表我国参赛，多次夺冠。但各队差距越来越小，如1987年仅胜印度尼西亚队0.68秒。1995年首届世界龙舟锦标赛在中国举行，有14个国家和地区派队参赛。

现在全国性的大赛年年举办，各地尤为频繁。21世纪以来，龙舟竞渡更是如火如荼，参赛队伍更多，观众更加踊跃，有的几乎如痴如醉。2005年，停办了6年的“中国岳阳汨罗江国际龙舟赛”得到恢复，于6月11日举行第11届国际龙舟节，来自美国、日本、澳大利亚以及中国港澳台地区的近20支龙舟队在爱国诗人屈原殉国之地汨罗江擂鼓竞渡。湖南望城县也于21日举行了首届望城千龙湖国际龙舟邀请赛。来自澳大利亚、菲律宾等国家和中国香港、澳门等地区以及湖南省的共16支龙舟劲旅竞渡千龙湖，再掀龙舟热。2007年，第三届全国传统龙舟大赛于6月26日至29日在湖南沅陵举行。这次龙舟大赛邀请了全国各地40支龙舟劲旅参赛，运动员、裁判员近3 000人，现场观众达20多万人，是全国规模最大、规格较高的传统龙舟赛。这次竞赛由国家体育总局、湖南省等单位主办，湖南省龙舟协会、怀化市沅陵县承办。

2008年，端午节和奥运圣火双双到来，湖南以龙舟竞渡迎奥运圣火。北京奥运圣火于6月3日在岳阳市汨罗国际龙舟竞渡中心传递。汨罗以当地最富有特色的锣鼓龙舟赛，喜迎奥运圣火的到来。火炬手高擎“祥云”圣火奔跑在汨罗江畔，汨罗江上竞渡的龙舟赛手则紧紧追随圣火，赶超着火炬手，十余支龙舟百桨翻飞，鼓点齐鸣号声阵阵，观众欢呼雀跃。这次竞渡，赛手并不以夺标为目的，而是以伴随圣火为荣，追求的是一种热火朝天的气氛，龙舟故里的圣火传递活动被推向高潮。

2009年5月1日至3日，由四川成都市和新津县举办的“2009水城新津·龙湖国际名校赛艇表演暨传统龙舟会”，在位于新津岷江之滨的四川省水上运动学校隆重举行。美国耶鲁大学。三一学院、澳大利亚悉尼大学、意大利米兰大学、丹麦哥本哈根大学、新西兰奥塔哥大学和中国清华大学、北京大学等8支赛艇对参加了1 000米表演赛。30支本地龙舟队参加了传统龙舟赛。2009年5月23日至31日，“中国岳阳汨罗江国际龙舟节”举行“疯狂龙舟”大型创意赛。以个人和家庭为单位进行挑战赛，凡年龄在18周岁至60周岁的均可参加。这使龙舟之乡的竞渡又添了新的形式，体现了更加广泛的群众性和娱乐性。

龙舟竞渡也吸引了音乐家、歌唱家为这项运动谱写赞歌，呐喊歌唱。何柳堂（1870—1934）的龙舟夺锦，是流传很广的广东代表性音乐作品之一。该曲通过快慢多变的节奏、时增时减的各种乐器，完整地表现了龙舟竞渡的

全过程。使人能够体会和想象出比赛开始时龙舟齐发那昂首翘尾、气宇轩昂的威猛生动形象，比赛过程中在江面劈波斩浪、飞速前进的景象，你追我赶的热烈紧张气氛，以及比赛结束时龙舟在碧波上自由荡漾、赛手和观众狂欢的场面。

由任志萍作词、施光南作曲、吴雁泽演唱的民歌《龙舟竞渡》，唱出了竞渡健儿齐心协力、奋勇夺标、永不服输的高昂斗志和观众鼓劲助威的热烈场面：

鼓锣密密鼓声稠呦，
端阳佳节赛龙舟啊。
粗胳膊的小伙显身手，
大嗓门的姑娘喊加油。
桨作蛟龙腿呀，
旗是那龙头。
江上博来浪里斗，
不夺头名不罢休。
挥动战旗呦闯激流，
同心争上游。
十七八青年赛猛虎，
拼搏正是好时候。
胜也不摆尾呀，
败也不低头。
汨罗江上五月五，
你追我赶赛龙舟！
你追我赶，我追你赶，
加油！加油！加油！加油！
加油！加油！加油！加油！
塞呀么赛龙舟！嘿！

龙舟竞渡确是一项体力和技术的角逐，是勇气的展现，更是中华民族团结、爱国的象征。它抒发了爱国激情，振奋了民族精神，还促进了某些和谐意识的最终形成。

（二）吃粽子与赐宴

早在春秋时期，即用菰叶包黍米成牛角状（“角黍”），或用竹筒盛米（筒粽），煮（烤）熟而食。吃粽子是汉代端午的重要习俗。当时吃粽子并无特殊意义，只是当做一种时令食品而已。五月仲夏，天气较热。吃粽子能清热降火，舒适肠胃。此俗在魏晋南北朝已盛行。晋周处《风土记》云：“仲夏端午，烹鹜角黍。”即端午节烹食鸭肉、粽子。《续齐谐记》载：屈原（公元前278年）在五月初五投汨罗江而死，楚国人为了哀悼他，每到这一天，用竹筒贮米，撒到河里祭祀他。后得知祭品被“蛟龙所窃”，就按屈原的嘱咐，将楝叶所包的粽子用五色丝捆紧、煮熟，再投入江中。而原料及品种增多，在米中掺进肉、枣、豆、板栗等物品。

唐代粽子花样翻新，形状出现锥形、菱形等。《文昌杂录》记载：唐代端午日，有百索（即五色丝）粽，又有九子粽。唐玄宗《端午三殿宴群臣》中云：“穴枕通灵气，长丝续命人。四时花竞巧，九子粽争新。”可见，百索

粽子

粽、九子粽还是皇帝赏赐臣子的食品。

《唐会要》记载：贞观十八年（公元644年）端午宴享，唐太宗在扇上御笔亲题“鸾”、“凤”、“蝶”、“龙”等字，赐给大臣。

宋代的粽子花样更多，有角粽、锥粽、茭粽、筒粽、秤锤粽、九子粽、蜜饯粽等。

南宋端午节，皇上要大宴群臣。《乾淳岁时记》载：端午日，宫中要插食盘，架设天师艾虎，还用五色菖蒲、百草制作假山数十座，有的堆成三层，用珠翠、葵榴、艾花作装饰。所做糖果粽子，极其精巧。还给后妃、大臣及宫女等赏赐坠扇、珍珠、百索、细葛、香罗、蒲丝、艾叶、巧粽之类物品。不过，已经与原来的“避恶”及纪念意义相差太远了。

端午包粽子

汉族端午节俗也被辽、金两国吸收。《辽史·礼志》就有重午朝仪的记载：皇帝要披上长寿彩缕才升坐，对臣僚也要赐寿缕。金国在端午节还有拜天之礼、射柳之俗及击鞠等娱乐活动。《金史·礼志》对这些习俗有详细记述。

元明时期，又将菰叶换成箬叶，附加料又添加豆沙、胡桃等。清代、民国及现在，粽子形状四只角的居多，但花色品种更加繁多。

（三）插艾蒿与饮菖蒲、雄黄酒

魏晋南北朝时期，民众又把五月五日当做“恶日”，因而在这天禳毒除疫就非常重要，于是就插艾蒿、饮菖蒲酒。《荆楚岁时记》载：五月初五，采艾蒿做成人的样子，悬挂在门上，以化解毒气。早在先秦时期，艾蒿就被采作药用。古代甚至有“年成不好，艾蒿就会早生”的说法。认为它能驱瘟除邪。还有剪绸布为老虎的形状，上面粘上艾叶随身佩带的，称之为“艾虎”。梁王筠《五日望采拾》中云：“长丝表良节，命缕应嘉辰。结芦同楚客，采艾异诗人。”正是此俗的写照。菖蒲酒，即把菖蒲根切碎，放入酒中浸泡而成。菖蒲有性温味辛的特点，能开心窍，祛痰湿，对风寒伤肺、胃病均有较好疗效。

挂艾蒿、菖蒲

唐代此俗类似前代。《酉阳杂俎》记载：“北朝妇人，五日进五时图、五时花，施之帐上。是日又进长命缕，宛转绳结，皆为人像带之。”

宋代还将菖蒲柄制成人形或葫芦形，带在身上避邪。王曾《端午帖子》诗云：“明朝知是天中节，旋刻菖蒲要避邪！”

明代把端午又称为“女儿节”。产生了一种新风俗，用雄黄涂耳鼻，认为这样能防虫毒。古人对雄黄杀虫驱毒作用早有认识，葛洪《抱朴子·仙药篇》已有论述。李时珍《本草纲目》说：雄黄有微小毒性，能解虫毒蛇毒、燥湿、祛痰。制作方法为：先用白酒浸雄黄，再加几块白矾，待酒挥发后，便成了雄黄矾，用来消菌杀毒。也可在存储食品、衣物处洒上雄黄水，以预防或杀死毒虫。

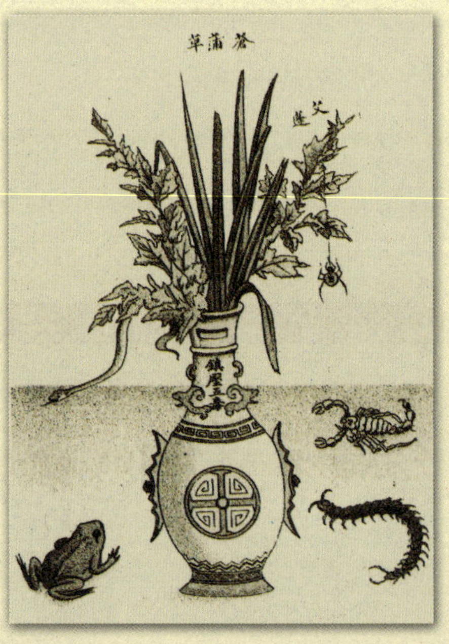

苍蒲草

瞿佑《菖蒲酒》诗中，就洋溢着非常浓厚的节日气氛和生活乐趣：“采得灵根傍藕塘，只因佳节届端阳。金刀细切传纤手，玉斝（jiǎ）轻浮送异香。厨荐鲥鱼冰作鲙，盘供角黍蔗为浆。同时节物充

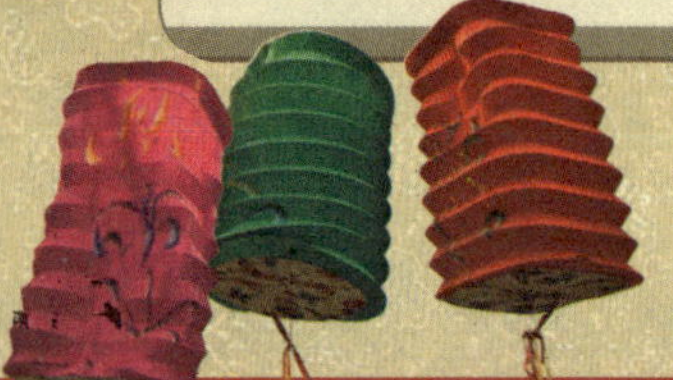

彩丝系虎

筵会，纵饮何妨入醉乡。”明清时代的菖蒲雄黄酒制作方法为：中午前将菖蒲根切细，和雄黄搅拌，晒后浸泡在酒里。

清代北京端午风俗与明代相差不大。《帝京岁时纪胜》和《燕京岁时记》记载：家家悬挂朱砂佩饰，插上制作成龙形的菖蒲叶和虎形艾蒿。汪灏《广群芳谱》将菖蒲列为能杀死鬼魅的灵草。陕西关中民众则用布缝制香囊，形状有老虎、葫芦式样等，里面除装有雄黄、艾叶外，还装入香料，吊上五色丝线，佩戴在儿童胸前，清香怡人。

如今湘、鄂、黔等省的城乡，端午时节还有人卖艾蒿和菖蒲，在门上插挂的仍较为普遍。

此外，端午节还有许多习俗，如玩鸟、击球、斗草等。其中一些习俗还先后传到朝鲜、日本等周边国家。因而这是一个虽然气候较热，但人们的热情更加高涨、民俗活动非常丰富的节日。

（四）端午节斗草

“斗草”也称“斗百草”，流行于中原和江南地区。始载于南朝梁宗懔《荆楚岁时记》：五月五日，四民并踏百草。又有斗百草之戏。南北朝时称“踏百草”，唐代十分流行此俗，称“斗草”或“斗百草”。《刘宾客嘉话》说：“唐中宗朝，安乐公主五日斗百草。”韩鄂《岁华纪丽》：端午节储蓄药草，佩戴五色丝线，还有斗百草的游戏。宋代发展到平日随时可斗。历代文人作品中对此多有描述。白居易《观儿戏》诗说：“弄尘复斗草，尽日乐嬉嬉。”

斗草分为“武斗”和“文斗”。以人的拉力和草的韧劲的强弱来决定输赢的斗草，称为“武斗”，草断的一方为输，另换一草再斗。所用的草有狗尾巴草、鸡冠花、车前草等。王建《宫词》诗中吟咏了斗草游戏的情状：“水中芹叶土中花，拾得还将避众家，总待

童戏斗草
选自《清史图典》

别人般数尽，袖中拈出郁金芽。”北京故宫博物院藏《群婴斗草图》，说明了“武斗”的玩法：比赛双方先采摘有韧性的草，如车前草。车前草为多年生草本植物，多生路边、沟旁、田埂等处。无茎，有很多细长的须根；叶子从根际长出，长达15～30厘米；它长长的花轴，是斗草的好材料。斗草时相互交叉成“十”字形状并各自用劲拉扯。湖南湘西多用俗名为“野鸳鸯”或“野烟秧”的植物，它的茎很韧，长达20～30厘米，花开后像向日葵那样的“果盘”，比赛时将两根茎交织在一起，“果盘”作为卡子，各自用劲拉扯，以不断的一方为赢。儿童夏天常以此为乐。

所谓“文斗”，就是对花草名，像对对联那样，以对仗形式互报花名、草名，对不上的一方为输，它兼具植物知识、文学知识的妙趣。《红楼梦》第六十二回有生动有趣的描述：宝玉生日那天，姐妹们忙忙碌碌安席饮酒作诗。各屋的丫头也跟随主子取乐，薛蟠的妾香菱和几个丫头采了些花草，斗草取乐。这个说，我有观音柳；那个说，我有罗汉松。那个又说我有君子竹，这一个又说我有美人蕉。或者又有“星星翠”对“月月红”。突然，豆官说，我有姐妹花，这下把大家难住了。香菱说，我有夫妻穗。豆官见香菱答上了，就不服气地说：“从来没有什么夫妻穗！”香菱争辩道：“一枝一个花叫‘兰’，一枝几个花叫‘穗’。上下结花为‘兄弟穗’，并头结花叫‘夫妻穗’，我这个是并头结花，怎么不叫‘夫妻穗’呢？”豆官一时被问住，便笑着说：“依你说，一大一小叫‘老子儿子穗’，若两朵花背着开可叫‘仇人穗’了。薛蟠刚外出半年，你心里想他，把花儿草儿拉扯成夫妻穗了，真不害臊！”说得香菱满面通红，笑着跑过来拧豆官的嘴，于是两个人扭滚在地上。众丫鬟嬉戏打闹，非常开心。这时，宝玉也采了些草来凑热闹。

这样用花草的名称来斗草，既显示了她们的知识面，又说明了她们具有较广博的文才和能言巧辩的口才。

（五）端午节其他的游艺娱乐活动及习俗

端午节还有射柳、击球、躲端午、端午景等娱乐活动及习俗。

射柳之游戏，在《金史·礼志》及清人朱彝尊《日下旧闻》中有记载：金代沿袭辽代的习俗，端午节在平坦的地方插两行柳枝，在离地面几寸处，削掉表皮呈现白色。参赛者飞马向前，用箭射柳。若将柳射断，并且能用手接住的为上等；射断了但不能接住的为次等；或者射断了青皮处、射中但射不断以及不能射中的为输。每次射柳，都打鼓激励士气。

打马球，也是端午体育活动之一。马球，是骑在马上，持棍打球，古称击鞠。三国曹植《名都篇》中有击鞠的描述。唐代打马球风气之盛，在我国甚至世界历史上都属罕见。唐太宗命令练习打球，他认为通过打马球，能有效地锻炼骑马技术，有利于提高军队的战斗力，于是马球运动首先在宫廷内

唐代打马球

别人般数尽，袖中拈出郁金芽。”北京故宫博物院藏《群婴斗草图》，说明了“武斗”的玩法：比赛双方先采摘有韧性的草，如车前草。车前草为多年生草本植物，多生路边、沟旁、田埂等处。无茎，有很多细长的须根；叶子从根际长出，长达15～30厘米；它长长的花轴，是斗草的好材料。斗草时相互交叉成“十”字形状并各自用劲拉扯。湖南湘西多用俗名为“野鸳鸯”或“野烟秧”的植物，它的茎很韧，长达20～30厘米，花开后像向日葵那样的“果盘”，比赛时将两根茎交织在一起，“果盘”作为卡子，各自用劲拉扯，以不断的一方为赢。儿童夏天常以此为乐。

所谓“文斗”，就是对花草名，像对对联那样，以对仗形式互报花名、草名，对不上的一方为输，它兼具植物知识、文学知识的妙趣。《红楼梦》第六十二回有生动有趣的描述：宝玉生日那天，姐妹们忙忙碌碌安席饮酒作诗。各屋的丫头也跟随主子取乐，薛蟠的妾香菱和几个丫头采了些花草，斗草取乐。这个说，我有观音柳；那个说，我有罗汉松。那个又说我有君子竹，这一个又说我有美人蕉。或者又有“星星翠”对“月月红”。突然，豆官说，我有姐妹花，这下把大家难住了。香菱说，我有夫妻穗。豆官见香菱答上了，就不服气地说：“从来没有什么夫妻穗！”香菱争辩道：“一枝一个花叫‘兰’，一枝几个花叫‘穗’。上下结花为‘兄弟穗’，并头结花叫‘夫妻穗’，我这个是并头结花，怎么不叫‘夫妻穗’呢？”豆官一时被问住，便笑着说：“依你说，一大一小叫‘老子儿子穗’，若两朵花背着开可叫‘仇人穗’了。薛蟠刚外出半年，你心里想他，把花儿草儿拉扯成夫妻穗了，真不害臊！”说得香菱满面通红，笑着跑过来拧豆官的嘴，于是两个人扭滚在地上。众丫鬟嬉戏打闹，非常开心。这时，宝玉也采了些草来凑热闹。

这样用花草的名称来斗草，既显示了她们的知识面，又说明了她们具有较广博的文才和能言巧辩的口才。

（五）端午节其他的游艺娱乐活动及习俗

端午节还有射柳、击球、躲端午、端午景等娱乐活动及习俗。

射柳之游戏，在《金史·礼志》及清人朱彝尊《日下旧闻》中有记载：金代沿袭辽代的习俗，端午节在平坦的地方插两行柳枝，在离地面几寸处，削掉表皮呈现白色。参赛者飞马向前，用箭射柳。若将柳射断，并且能用手接住的为上等；射断了但不能接住的为次等；或者射断了青皮处、射中但射不断以及不能射中的为输。每次射柳，都打鼓激励士气。

打马球，也是端午体育活动之一。马球，是骑在马上，持棍打球，古称击鞠。三国曹植《名都篇》中有击鞠的描述。唐代打马球风气之盛，在我国甚至世界历史上都属罕见。唐太宗命令练习打球，他认为通过打马球，能有效地锻炼骑马技术，有利于提高军队的战斗力，于是马球运动首先在宫廷内

唐代打马球

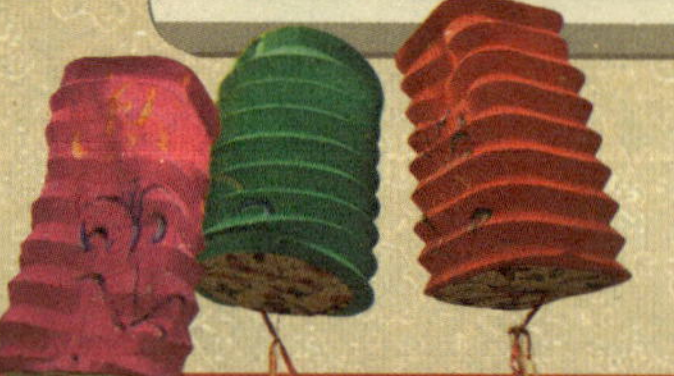

蔚然成风。皇宫中许多地方都有供皇帝打球的宽大球场。中宗时，以李隆基（即后来的玄宗）为首的4人皇家马球队，曾经大胜吐蕃10多人的球队。李隆基更是“东西驱突，风回电激，所向无敌”（《封氏闻见记》）。中宗李显也是马球运动的积极参与者，此后，穆宗、敬宗以及唐末昭宗都是球迷。

从武则天第二个儿子、章怀太子李贤墓中出土的《马球图》，绘出了唐代马球的兴盛：画上，二十多匹骏马飞驰，马尾扎结起来，打球者头戴幞巾，脚穿长靴，手持球杖逐球相击。最精彩的画面有5位骑手，左手挽缰，右手执偃月形鞠杖，最南面飞驰的打马球者，做回身反手击球的样子，另一人回头看马蹄，露在山外，山顶露出人头和半个马头，最后一骑为枣红马，四蹄腾空，往南驰骋。

《析津志》记述辽国把打马球作为节日活动，在端午、重阳节打马球。《金史·礼志》也记述金人在端午打马球。宋人也是如此。至明代，马球运动仍然流行。《续文献通考·乐考》记载明成祖曾数次往东苑击球、射柳。明《宣宗行乐图》长卷中绘有宣宗观赏打马球的场面。当时的官员王直写有端午日观打球的诗：“玉勒千金马，雕文七宝球。鞚（kòng，骏马）飞惊电掣，伏奋觉星流。飚过成三捷，欢传第一筹。庆云随逸足，缭绕殿东头。”北京白云观前也有骑马击球的习俗。清代天坛一带也还有马球运动，至清中叶以后，马球运动才消失。近来西安市又出现了仿古马球运动，使这一古老的体育运动在绝迹近两百年后又出现在中华大地上。

宣宗行乐图

在北京还有游天坛风俗。《帝京景物略》卷二说：五月初五中午前，很多人来到天坛，为的是避毒。午后，在天坛的墙下赛马。上海还有钟馗赛

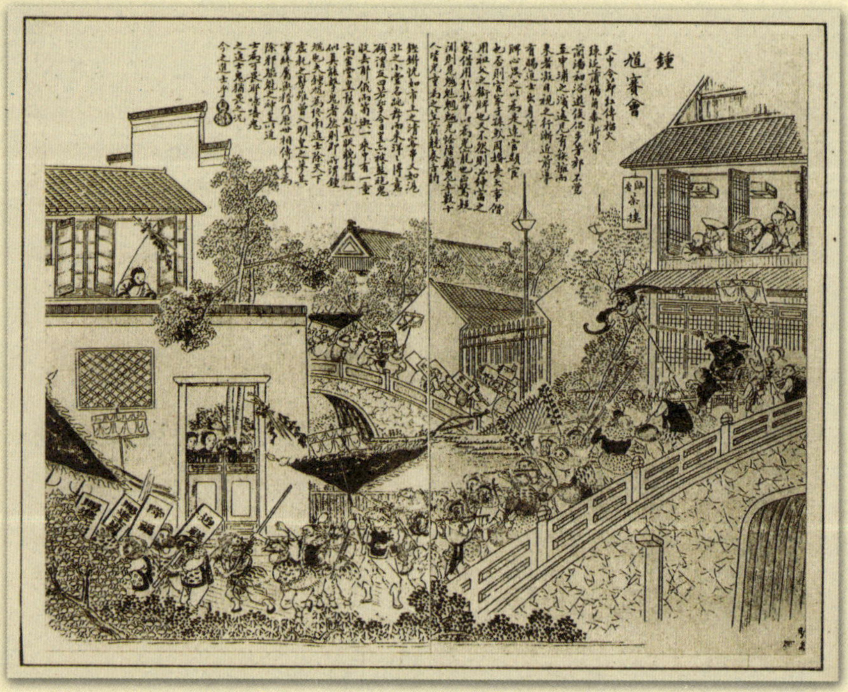
钟馗赛会

会，由一男子装扮钟馗，手挥宝剑，手举一个纸糊的蝙蝠；后面跟随全副仪仗，穿行街市，用以驱祟。另外端午期间还有马戏、抢鸭活动。

躲端午，是旧时端午节习俗，指接已出嫁的女儿回家过节，简称“躲午”，亦称“躲端五”。认为五月初五为恶月、恶日，诸事多需避忌，因而有接女归家躲端午之俗。此俗宋代好像已经形成，陆游《丰岁》诗有“羊腔酒担争迎妇，遣鼓龙船共赛神”之句。《嘉靖隆庆志》也说：“已嫁之女召还过节”。甚至朝鲜也有接女儿回娘家“躲端午”之俗。湘西还有“癞子蛤蟆躲端午，躲过初一躲不过十五”之说。这是因为人们认为五月是恶月，必须禳毒除疫，而癞蛤蟆的汁液可以祛毒，于是人们多捉癞蛤蟆以提取其汁。又由于把农历五月初五称为“头端阳”，五月初十为“大端阳”，五月十五为“末端阳”，因而有此说法。现在又用此说法比喻：作恶狡猾之人要想逃避惩罚是万万不可能的。

郎世宁端午图

艳竞榴红

端午景是一种高雅游戏。《清嘉录》卷五《五月端午》中说：苏州人在节日里插花，将蜀葵、石榴、菖蒲等花草插在花瓶里，称为“端午景”。清代宫廷画师郎世宁曾绘一幅《端午图》，在青瓷花瓶里插有石榴花、蜀葵花，瓶下左边的盘子里有李子、樱桃，右边放几个粽子。这是宫廷“端午景”的真实写照。

三、古代文人与端午节

端午节日里，广大民众竞渡、祭祀、饮酒、狂欢，奏响了一曲悲喜激荡的命运交响乐。而饱浸诗骚的古代文人，观兴甚浓，饮酒吟诗，在他们的五彩笔端

龙舟

和灵魂深处久久萦绕着一道风景、几多情愫。

（一）龙舟竞渡闹洋洋

竞渡之风，自唐代以来兴盛不衰，古代文人用跃动的笔触勾画出一幅幅欢动山河的画卷。“画作飞凫艇，双双竞拂流。低装山色变，急棹水华浮。……鼓发南湖槎，标争西驿楼。并驱常诧速，非畏日光遒。”（张说《岳州观竞渡》）“落日吹箫管，清池发棹歌。船争先后渡，岸激去来波。”（储光羲《官庄池观竞渡》）“习棹江流长，迎神雨雾开。标随绿云动，船逆清波来。下怖鱼龙起，上惊凫雁回。能令秋大有，鼓吹远相催。”（储光羲《观竞渡》）竞渡场面异常热烈，不仅荡漾起了人们久藏于心的呐喊和欢笑，还承载着弥久愈浓的对屈子的追思和敬奉。芸芸众生在巫风神雨下的竞渡仪式中虔诚地祈祷：雨停雾破、年丰岁收。

身临盛况的古代文人对端午竞渡有着十分传神的描绘：“鼓声三下红旗开，两龙跃出浮水来。棹影斡波飞万剑，鼓声劈浪鸣千雷。鼓声渐急标将近，两龙望标目如瞬。坡上人呼霹雳惊，竿头彩挂虹霓晕。前船抢水已得标，后船失势空挥桡。疮眉血首争不定，输岸一朋心似烧。”（张建封《竞渡歌》）两舟竞渡，场面壮观，声势浩大。众桨飞快划动，搅起朵朵浪花，如万剑飞出；鼓声咚咚，齐力助威；龙舟劈波斩浪，奋力冲向终点。两岸观众则欢呼雀跃、呐喊助威，如霹雳惊响；各色彩旗猎猎飘扬，构成一个个霓虹般的光圈。输方眉头皱起如疮包，争得脸红耳赤，输方观众则心似火烧。诗中最后写道，他们并不服输，还要再决雌雄。“紫云宫前擂大鼓，乡人竞渡作重午。灵均孤忠自千古，凭吊遗俗遍三楚。蝎来观者如堵墙，万目睽睽引领望。彩旗一挥百棹忙，踊跃直趋波中央。一龙矫首牙爪张，一龙含尾低复昂。群龙奋鬣互腾骧，陆离五色生辉光。金鼓嘈杂声镗镗，拿云喷雾纷回翔。锦标一夺群披猖，旁观亦觉兴飞扬。欢呼尽饮挥蒲觞，瓦篷深惊在绿

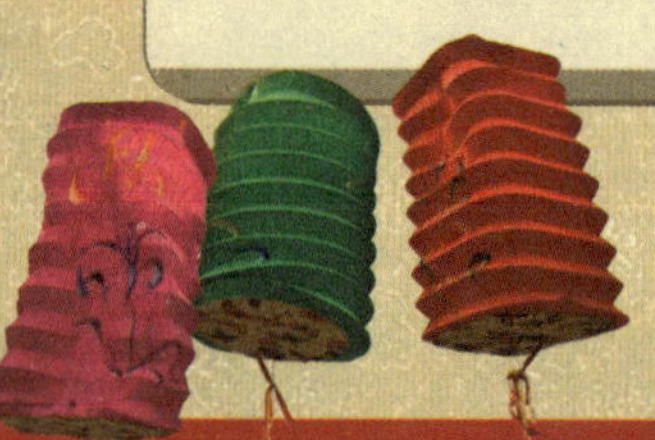

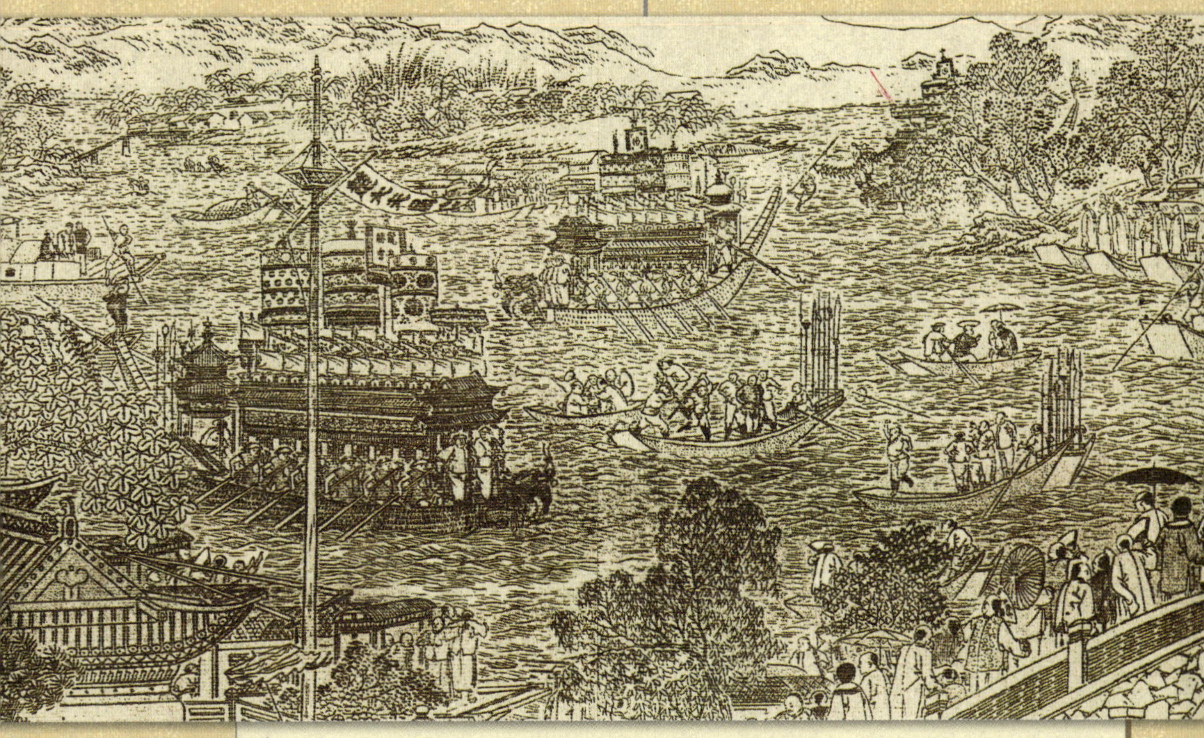

龙舟竞渡

杨。”（清黄士瀛《盘溪观龙舟竞渡》）盘溪（今湖北松滋县境内）的龙舟竞渡盛况空前，是为凭吊“千古孤忠”的屈原而举行：大鼓雷鸣，彩旗挥舞，百棹齐飞。观众络绎不绝（“揭来”），有如垒起堵堵高墙，他们踮足伸脖，“万目睽睽”。龙舟踊趋江心，一“龙”昂首舞爪，一“龙”稍微落后，忽又奋力追赶。所有的龙舟都如骏马奔腾，五色生辉。最后一“龙”夺标，群情振奋。观众也兴致飞扬，欢呼雀跃，在绿杨掩映的瓦篷里共饮菖蒲酒，同披艾草，尽兴而归。

端午竞渡展现了力量与激情的阳刚之美，而在凌波光影间也闪烁着一道粉黛罗衣的靓丽风景：“竞渡船头掉彩旗，两边溅水湿罗衣。池东争向池西岸，先到先书‘上’字归。”（王建《宫词》）逢此端午嘉会，禁中的宫女们争相竞渡嬉戏，溅湿了罗衣，放飞着笑语，心中幽锁的情愫伴着池中层层涟漪，向着竞渡的前方传递。“旭日垂杨柳，倾城出岸边。黄头郎似马，青黛女如仙。龙甲铺江丽，神装照水鲜。万人齐着眼，看取一舟先。”（明袁中道《午日沙市龙舟》）湖北沙市，地处长江之畔，离楚国郢都（今湖北江陵）很近，一场竞渡正在举行：风和日丽，杨柳垂岸。龙舟画上彩色鳞甲，舟上赛手头裹黄巾，服装色彩各异，艳映江水；岸上观战女子青黛蛾眉，美如天仙。龙舟飞驶似骏马奔驰；观众万目注视，看谁夺标。借此良辰盛景，民间的女子们，淡妆浓抹，簇拥江岸，在艳阳高照下别具一番风情。端午竞渡在刚柔交互的催发中掀起了众人期待的节日高潮。

（二）人人洒泪吊忠魂

古代文人心目中的端午节，还是一个祭祀节。至今长江流域许多地方仍有招屈原之魂的歌谣，其词情真，其声悲切，能使赛手、观众哭成一团。古代文人对屈原“忠而被谤，信而见疑”、最后自沉汨罗的悲惨遭遇极表同情和痛心：“大夫沉楚水，千祀国人哀。”（储光羲《观竞渡》）“沅江五月平堤流，邑人相将浮彩舟。灵均何年歌已矣，哀谣振楫从此起。扬桴击节雷阗阗，乱流齐进声轰然。……百胜本自有前期，一飞由来无定所。风俗如狂重此时，纵观云委江之湄。彩旗夹岸照蛟室，罗袜凌波呈水嬉。曲终人散空愁暮，招屈亭前水车注。”（刘禹锡《竞渡曲》）诗文描绘了湖南沅江的一次赛龙舟，“彩旗夹岸”，女子嬉水，人们怀着期冀和喜悦的心情划船寻救屈原，然而屈原早已随茫茫江水而逝，追思的哀谣在荡桨中泛起，使人悲从中来。

在古代文人的心中，悼念和祭祀屈原，意味着透过悲喜两重天的翻转和升华，去追慕感同屈原的狷介和崇高。“节分端午自谁言？万古传闻为屈原。堪笑楚江空渺渺，不能洗得直臣冤。”（文秀《端午》）“屈氏已沉死，楚人哀不容。何尝奈谗谤，徒欲却蛟龙。未泯生前恨，而追没后踪。沅湘碧潭水，应自照千峰。”（梅尧臣《五月五日》）“楚人悲屈原，千载意未歇。精魂飘何处，父老空哽咽。至今沧江上，投饭救饥渴。遗风成竞渡，哀叫楚山裂。屈原古壮士，就死意甚烈。世俗安得知，眷眷不忍决。……名声实无穷，富贵亦

暂热。大夫知此理，所以持此节。”（苏轼《屈原塔》）水波浩渺的汨罗江不能为屈原鸣屈洗冤，只有孤傲的山峰投影在碧水之上。家乡父老长达千载地凭空哽咽悲叹，总要在五月五日投饭救饥解渴、龙舟竞渡，并且大声呼喊“屈大夫归来”！其声悲哀，楚山为之裂开。怀才不遇、忧谗畏讥，千百年来多少文人吟唱着《离骚》义无反顾地追随着屈原的脚步。宋代苏轼被贬黄州、儋州等地，为“乌台诗案”（有人诬告他反对王安石变法）差点掉了脑袋，他就是宋代的屈原。像苏轼这般的古代文人，与其说用了浓墨重彩来悼念屈原，不如说是为自己唱响至死不渝追求独立人格的“挽歌”。

（三）醉生梦死逐欢乐

饮酒和狂欢是端午另一大节日主题，人们借此开怀畅饮、宣泄情怀。“采得灵根傍藕塘，只因佳节届端阳。金刀细切传纤手，玉斝轻浮送异香。厨荐鲥鱼冰作鲙，盘供角黍蔗为浆。同时节物充筵会，纵饮何妨入醉乡。”（瞿佑《菖蒲酒》）这是一次端午筵会：时新食物，味美品多，摆满筵席。人美，酒香，酒器精致（“玉斝”）。面对此时此刻，置身此情此景，纵然喝得酩酊大醉，又有什么关系！“五月五日岚气开，南门竞船争看来。云安酒浓曲米贱，家家扶得醉人回。”（范成大《竹枝歌》）云安（今重庆云阳县）南门竞渡，人人争看。竞渡完毕，痛饮当地名酒“曲米春”，兴致颇高，以致家家皆醉。《清嘉录》中引了一首无名氏的乐府诗《划龙船》，描述苏杭一带端午盛况：“汨罗已死三千年，招魂野祭端阳前。苏州龙船夸绝胜，百万金钱水中迸。冶坊浜口斟酌桥，楼头水面争妖娆！小龙船划疾如驶，大龙船划乱红紫。胜会争夸十日游，青帘画舫结灯游。四更堤外笙歌散，博得人称假虎丘。”处处洋溢出一派歌舞升平之象！这里，屈原之精神似乎已荡然无存，人们只是一味地沉醉于节日的欢乐之中。

更有甚者，不顾国计民生，端午之日莺歌燕舞、醉生梦死。南宋末，元兵南侵，宋朝亡在旦夕，可是朝廷上下仍一味追欢逐乐。对此，胡仲弓《端午》诗给以辛辣讽刺和无情鞭挞："画舸纵横湖水滨，彩丝角黍斗时新。年年此日人皆醉，能吊醒魂有几人？"国之将破，又逢端午，所有的湖泊江湖，碧波荡漾，彩船纵横排列，伴着轻歌曼曲徐进缓行。家家彩丝炫目，户户"角黍"（粽子）飘香，应时求新，争奇斗艳。呈现出一片欢乐升平气象。端午的精神实质已面目全非，徒具其形。屈原在《渔父》里曾悲叹："众人皆醉，我独醒！"现今已经朝不保夕，仍然人人皆醉。真正能领会屈原爱国忠君、奋发不屈、斗志凛然高尚节操的又有几人？！

（四）丹心一片有谁知

文天祥

在悲喜喧嚣的节日活动背后，对于古代文人而言，端午意味着一种寄托，一种灵魂深处的求索。念念不忘"王师北定中原日"的南宋陆游，由于收拾山河的志向未能实现，也像辛弃疾"却将万字平戎策，换得东家种树书"那样，无所事事。其《乙卯重五诗》云从欢乐中折射出一丝无奈："重五山村好，榴花忽已繁。粽包分两髻，艾束著危冠。旧俗方储药，羸躯亦点丹。日斜吾事毕，一笑向杯盘。"端午的欢乐已显平淡，万事皆休后的无奈却又承载着壮心不已的豪情。德祐二年（1276年）文天祥出使元军被扣，在镇江逃脱后，又为所谓元朝曾派一丞相到扬州劝降的谣言所诬陷。为表明心志，便慨然写下《端午即事》："五月五日午，赠我一枝艾。故人不可见，新知万里外。丹心照夙昔，鬓发日已改。我欲从灵均，三湘隔辽海。"展现了一个辗转颠沛、为国难奔波、勇于献身的士大夫形象。此诗与景炎三年（1278年）所写《过零丁洋》中"人生自古谁无死，留取丹心照汗青"的精神，完全一致。像文天祥那样借端午明志的古代文人，真是数不胜数。

北京龙潭公园内的龙字石林
谭忠国 摄

“楚虽三户，亡秦必楚!”“独立不迁，生南国兮！”这是一种不屈不挠、自强不息的爱国精神和力量。屈原就是其中最好的代表和见证之一，端午竞渡就是这种精神和力量的很好体现。人人洒泪吊屈原，也就是秉承这种爱国精神。古代文人大都身系天下，每当国家危难之时，许多人都勇立潮头，担当重任，甚至不惜牺牲生命——这就是屈原精神的缩影！

真是：五月初五是端阳，龙船锣鼓闹洋洋，人人喜饮菖蒲酒，个个洒泪在楚江！

附录：【端午节别称】

据统计，端午节的名称在我国所有传统节日中叫法最多，达二十多个，堪称节日别名之最。如：端午节、端五节、端阳节、重五节、重午节、天中节、夏节、五月节、菖节、蒲节、菖蒲节、龙舟节、浴兰节、粽子节 、午日节、女儿节、地腊节、诗人节、龙日、午日、灯节，等等。

端阳节：据《荆楚岁时记》载，因仲夏登高，顺阳在上，五月正是仲夏，它的第一个午日正是登高顺阳天气好的日子，故称五月初五为“端阳节”。

重午节：将“五”改成“午”，主要是避唐太宗的讳，因为太宗的生日是八月初五。午，按天干顺序，排在第五位，农历五月正是“午”月。五、午同音，月、日都是五，而五、五相重，故端午节又名“重午节”或“重五节”，有些地方也叫“五月节”。

天中节：五日，一名“天中”。古人认为，五月五日时，阳重入中天，故称这一天为“天中节”。

浴兰节：端午时值仲夏，是皮肤病多发季节，古人以兰草汤沐浴去污为俗。汉代《大戴礼》云：“午日以兰汤沐浴”。

解粽节：古人端午吃粽时，有比较各人解下粽叶的长度、长者为胜的游戏，故又有“解粽节”之称。

女儿节：明沈榜《宛署杂记》云：“五月女儿节，系端午索，戴艾叶、五毒灵符。宛俗自五月初一至初五日，饰小闺女，尽态极妍。出嫁女亦各归宁，因呼为女儿节。”即娘家要接女儿归宁“躲端午”。

菖蒲节：古人认为“重午”是犯禁忌的日子，此时五毒尽出，因此端午风俗多为驱邪避毒，如在门上悬挂菖蒲、艾叶等，故端午节也称“菖蒲节”。

地腊节：为道教所定的节日。道教定一年中有五腊，即天腊、地腊、道德腊、民岁腊、王侯腊，五月五日为地腊。“腊”也是一种祭祀仪式。此日要香汤沐浴，驱逐瘴气，祭奠神祖，以保平安。

湖南新化县水车乡村民在舞草龙
陈子艾 摄

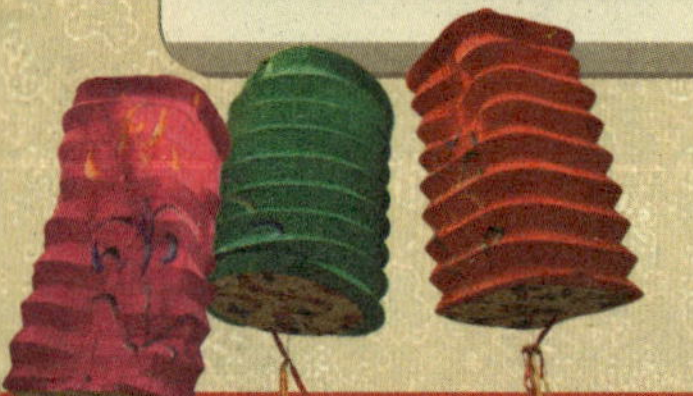

陆

天街夜色凉如水，坐看牵牛织女星

——七夕节

河北省鹿泉市抱犊寨 谭忠国 摄

一、七夕节的起源与演变

（一）神奇的牛郎织女图

每当夏秋之夜繁星满天时，一道白茫茫的银河横贯南北。银河（天河）的东西两岸各有一颗闪亮的星星，隔河相望，脉脉含情，那就是牵牛星（民间称牛郎星）和织女星。此外，牛郎星两旁的两颗小星，就是他的一对儿女，被牛郎用一副担子挑着。牛郎星东南有六颗星星，人们认为是牛郎的神牛；织女星旁的两颗星，被看做是织女的织布梭子。织女星的东方由四颗小星星构成四边形，像织女的织布机。

天上这些星星所组成的一个家庭的奇妙构图，织女的织布机和梭子，牛

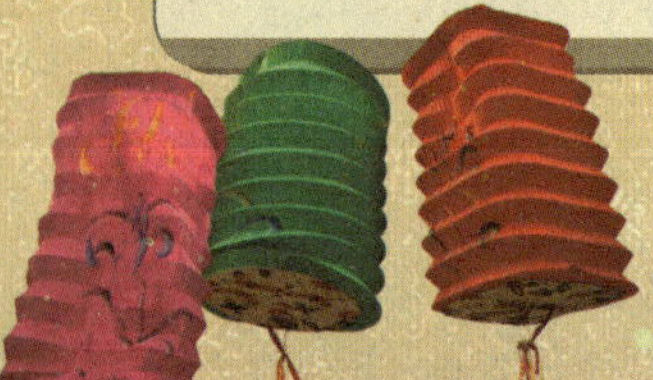

牛郎织女天河相隔
张勃 摄

郎的那副扁担箩筐以及他的牛，就构成了中国古代四大传说之一的《牛郎织女》的神奇起源（另外三个著名传说是《孟姜女》、《白蛇传》、《梁山伯和祝英台》）。通过一千多年的不断演化，就形成了七月七日七夕节。

七夕节的主要主题，就是爱情。爱情，是一个永恒的主题，它穿越时空，穿越种族，或给人以幸福，或给人以遐想，或给人以力量，或给人以痛苦。特别是带有悲剧色彩的爱情，就更动人心弦，令人揪心裂肺、肝肠寸断。牛郎织女的传说就是这样一个悲伤爱情故事。而一个神话能够形成一个节日，也真可见出它的巨大力量。

（二）七夕节的起源与演变

七夕节的起源，与天上的星象和神话传说紧密相关，甚至可以说是在一则神话的基础上，通过中国古老的"天人合一"观念和农业社会的经济形态对这则神话不断的阐释，成就了中国的七夕节。

牛郎织女神话究竟起源于何时，尚无定论，但从文献记载来看，至少在三四千年之前就产生了。最晚在夏商时期，已有织女星的称呼了。而起源于

何地？一般认为当始于楚国的汉水流域。明代罗颀《物原》中说：楚怀王起初设置七夕节，此日妇女用彩缕穿七孔针，在庭院陈设瓜果，用来乞巧。

在西周民歌《诗经·大东》中，较早记载了天上两颗星星的特点和劳作，但没有彼此相恋的内容：

维天有汉，监亦有光。

跂彼织女，终日七襄。

虽则七襄，不成报章。

睆彼牵牛，不以服箱。

意思就是说：天上虽然有宽广的银河和明亮的镜子，可是织女似乎心思不在织布上面。她整天总是来来回回地搬动织布机，总织不成美丽的花纹。牵牛星容光焕发，但似乎空有其表，不能去驾车拉箱。可见两位神仙起初的形象并不太好。

对牛郎织女的歌咏，自战国至秦汉时期，都没有什么实质的发展。只不过西汉司马迁的《史记·天官书》中，进一步出现了有损牛郎形象的记载：“牵牛为牺牲”，即庙中祭祀必须以牛郎所牵的牛为祭品。织女则进一步人格化，《史记·正义》说是“天女也”，并且能察觉帝王是否至孝。若孝，织女星就会非常明亮，否则，织女星就黯淡微光。

到了汉代，神牛的地位提高了，它已不再作祭品了。身为天女、极为尊贵的织女也开始食人间烟火，与牛郎恋爱了。东汉《古诗十九首》有细致生动、令人感伤的描绘：

迢迢牵牛星，皎皎河汉女。
纤纤擢素手，札札弄机杼。
终日不成章，泣涕零如雨。
河汉清且浅，相去复几许？
盈盈一水间，脉脉不得语。

看来他们的爱情一开始就不太顺利。一条又清又浅的天河就把他们隔在了两岸，连一句话也说不上，只能脉脉含情，泣涕如雨，无尽相思了。

牛郎织女的恋爱开始于汉代，但由于明代罗颀《物原》中说："楚怀王初置七夕"，因此七夕节最早可能形成于战国末期，最迟则也形成于汉代。汉代已有七月七日牛郎织女相会的传说。人们在星光下，纷纷争看织女渡河与牛郎相会。

他们又经过了几百年的马拉松式恋爱，到了南北朝时期，织女与牛郎才最终完婚。南朝梁代殷芸的《小说》记载：织女辛勤织布，织成了锦缎般的云霞天衣，由于劳累，无暇打扮容貌。父皇天帝见她独居，十分可怜，就把

河北鹿泉市抱犊寨
牛郎织女喜结良缘
谭忠国 摄

她嫁给河西的牛郎。出嫁后，却无心织布了。天帝大怒，“责令归河东，但使一年一度相会”（与现在通常所说的两星方位相反）。

本来恋爱了几百年，但在文人的笔下，织女与牛郎却结成一桩不幸的婚姻，织女婚后也变得慵懒。这在耕田织布的庄稼人心目中，显然是不满意的。因此这一记载，除了文人外，很少有人知晓，也就流传不广。于是劳动人民及民间艺人反复加工，终于形成了另一个凄美动人的民间传说，这就是至今仍流传在全国的牛郎织女故事。

牛郎织女相会的地点“天河口”，说是湖北襄樊的老河口，连日本诗集《万叶集》中也是这么注释的，而一般神话传说则认为是在银河（天河）岸边的“天河口”。

牛郎织女

河北鹿泉市的“抱犊寨”、江苏太仓等地已经开发了“牛郎织女”景点。山西省和顺县南天池村，2006年被中国民间文艺家协会命名为“中国牛郎织女文化之乡”；2006年5月20日，七夕节经国务院批准被列入第一批国家级非物质文化遗产名录。山西和顺县及山东沂源县世代流传的“牛郎织女”传说，2008年被文化部列入第二批国家级非物质文化遗产保护名录。

目前，我国城市里一般不过七夕节，农村则仍然保留着部分节俗，但乞巧活动正在淡化，说明七夕节的文化内涵正在逐步弱化。面对洋节的冲击，

河北省鹿泉市抱犊寨
谭忠国 摄

包括民俗学者在内的一些人正在呼吁把七夕节变成中国的“情人节”。

时至今日，以牛郎织女传说为原型创作的黄梅戏《天仙配》，仍然是最受人们喜爱的传统剧目之一，其中《夫妻双双把家还》的唱段可谓百听不厌：

树上的鸟儿成双对，绿水青山带笑颜。
顺手摘下啊花一朵，我为娘子戴发间。
你耕田来我织布，你挑水来我浇园。

天河配

寒窑虽破能避风雨，夫妻恩爱苦也甜。

你我好比鸳鸯鸟，比翼双飞在人间。

这种生活虽然艰辛、俭朴，但它悠然自在，没有激烈竞争、尔虞我诈，充满着诗意的田园情调。这也是紧张忙碌的现代都市人所非常向往的生活。

山东沂源县“中国爱情文化源地”一景：织女洞

二、七夕风俗与传说

（一）汉武帝会西王母

汉武帝会西王母的故事在汉代就非常流行，并且罩上了一层非常神秘的光环。

据《汉武故事》记载：汉武帝诞生于乙酉年（公元前156年）七月七日。在《汉武帝内传》里，还有七夕节会见瑶池王母娘娘的传说。元封元年（公元

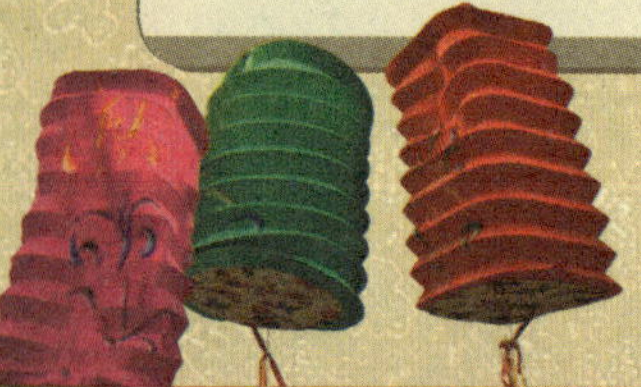

前110年）四月的一天，汉武帝正与东方朔、董仲舒在承华殿谈文论道，忽然看见一位美丽少女身着青衣从空中冉冉而来。她是王母娘娘的玉女，奉命前来告诉武帝，王母娘娘七月七日要下凡与他相会，以传给他道术。

到了七月七日，汉武帝命令在大殿插上百合香，张开云霞般的锦幛，点燃九光灯烛，盘中装满玉门大枣，杯中盛满葡萄美酒，摆列各种香果，如同天宫盛宴，等候王母的到来。到了二更时候，西南方白云升起，冉冉向宫中飘来。须臾间已听到云彩间箫鼓齐鸣、人语马喧。汉武帝头戴太真晨婴冠，足蹬玄璚（qióng）凤纹靴，迎接王母。不久王母娘娘就乘紫云辇、驾九色斑龙来到殿前。两旁五十位天仙，光耀庭宇。两位侍女十六七岁，明目流盼，神姿焕发，为绝世美女。而王母三十多岁，神采鲜明，仪态肃穆，佩戴着灵飞大绶带，腰悬分景之剑，头上高挽太华发髻，“天姿掩蔼，容颜绝世”。

王母下车登殿，汉武上前跪拜问安，然后南面而坐。王母令侍女摆上珍馔（zhuàn）佳肴，又端上七颗仙桃，王母吃了三颗，给汉武帝四颗吃。桃味甜美难以形容，入口即化，余味无穷。这种仙桃树三千年才结一次果实。

王母还赐给汉武帝一卷天书《五岳真神图》，召上元夫人为他传授仙法仙术。有了这个符方，就可以召唤山神土地，管理所有的神灵，让恶鬼乖乖地听话，还可以束缚豺狼虎豹，让蛟龙为自己效力。

这个故事把汉武帝描绘得非常神奇，显然是道教徒根据民间传说编出来的仙话。这样既表现出汉武帝“真龙天子”的身份和显赫，又显示了道教无所不能的法术，提高了道教的尊贵地位。真可谓一举多得！

（二）牛郎织女的传说（三则）

第一则：相传在很久以前，南阳城西二十里的牛家庄里，有个聪明忠厚的小伙子，父母双亡，跟着兄嫂度日。嫂子马氏为人狠毒，经常虐待他，

天河配

逼他干又累又苦的活儿。后来哥嫂分给他一头老牛，让他自立门户。

这条老牛是金牛星变的，有一天，老牛突然说话了，它告诉牛郎说：后天织女要和她的姐妹们下凡，来附近的河里洗澡。让牛郎先躲起来，趁仙女们洗澡，就把织女的衣服拿走，这样就可以娶她为妻。并且告诉他，织女就是长得最漂亮、穿得最艳丽的那位仙女。

果然，那一天仙女们来到河边，脱下云霞般的锦绣衣裳，在清澈的河水里尽情嬉戏沐浴。牛郎突然从芦苇丛冲出来，一下子抱走了织女的衣裳。惊慌失措的仙女们急忙上岸穿上自己的衣裳飞走了，只剩下没有衣服穿的织女。牛郎要她答应做他的妻子才把衣服还给她。织女看着这位英俊鲁莽的小伙子，仔细问了他的身世，认定他是一个勤劳诚实的人，也就羞涩地答应了牛郎的求婚。

婚后，他们男耕女织，相亲相爱，过着幸福美满的生活，还生了一儿一女。几年后，那头老牛越来越老，临死前叮嘱牛郎："我死后，你把我的皮剥下来，遇到危难时就把它披上，我会帮助你的。"老牛死后，夫妻俩忍痛含泪剥下牛皮，将老牛埋在屋后的坡上。

织女本是玉皇大帝的女儿、王母娘娘的外孙女。她私自下凡洗澡并和凡人成亲的事被他们知道后，勃然大怒，马上命令天兵天将下凡，把织女抓回来。天兵天将来到牛郎织女家里，刚好牛郎和两个孩子都不在家。织女孤立

抱犊寨牛郎织女家
谭忠国 摄

无援、万分悲伤，只好回到天上。

牛郎回家不见织女，估计是被抓回天上去了，一家三口放声痛哭。突然牛郎想起老牛生前的话，立即披上牛皮，用一担箩筐担起两个孩子，他要去天上把织女找回来。他一出门就飞了起来，而且越飞越快，穿过团团云雾，掠过闪闪群星，一刹那间不知飘过了多少路程，银河已在眼前，织女也遥遥在望。孩子们高兴得只喊妈妈，牛郎大喜。这时王母娘娘心中一急，拨下头上的金簪子向银河一划，清浅的银河立刻变成万顷波涛。牛郎再也飞不过去了。从此他们只能隔河相望，牛郎和孩子也就生活在天上了。织女气得把梭子一甩，就成了梭子星。

天长日久，玉皇大帝和王母娘娘被他们的真挚感情所打动，就准许他们每年七月七日相会一次。命令凡间的喜鹊都到天河给牛郎织女搭桥，喜鹊因为太劳累，身上脱掉了许多毛。而牛郎织女他们一家人就利用这一天的团聚，在鹊桥上尽情倾诉，尽情欢笑。似乎他们要诉说完一年离别的相思、期盼，询问一年来的喜怒哀乐，分享彼此的遥远关怀。宋代秦观的《鹊桥仙》对此的刻画，令人心驰神往，使人同情哀叹：

纤云弄巧，飞星传恨，银汉迢迢暗渡。金风玉露一相逢，便胜却人间无数。

柔情似水，佳期如梦，忍顾鹊桥归路。两情若是久长时，又岂在朝朝暮暮！

词中展现了牛郎织女真挚悲伤的爱情，表明了自己独特的爱情观，特别是后两句，已经成了千古名言。

这天晚上夜深人静时，在葡萄架下可以听见这对情侣的亲密絮语，偶尔也会有伤心的泪水打在你的脸上。宫女们也会对着天上的牛郎织女诉说自己的心思：“银烛秋光冷画屏，轻罗小扇扑流萤。天街夜色凉如水，坐看牵牛织女星。”（杜牧《秋夕》）

汉武帝时，在长安昆明池畔还立有牛郎织女的大型石刻雕像呢！

第二则：很早很早以前，山里住着户人家，老人们都死了，家里只剩下兄弟俩。老大娶了媳妇，这媳妇心眼不好，老想独霸老人留下的家业。

有一天，二小领着狗去放牛，到了地里，他拍打着牛背说：“牛哇，牛

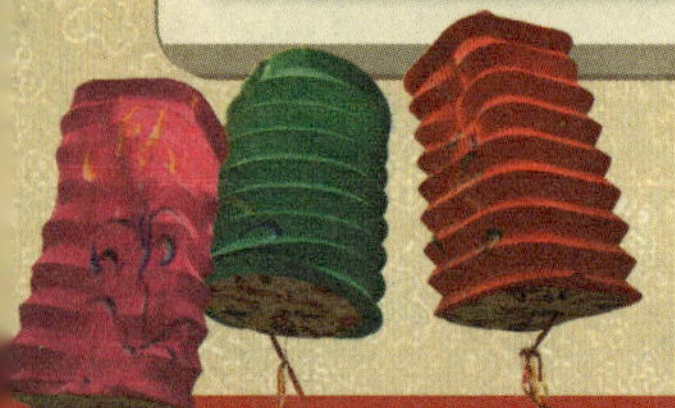

哇，我想睡会儿觉，你可千万不要乱跑。”老黄牛像听懂了人话，低着脑袋“哞、哞”地叫了几声，甩打着尾巴在他身边吃起草来。二小躺在草地上睡着了。

过了中午，嫂嫂提着罐子来给小叔子送饭，见二小正在睡大觉，照他身上狠狠踢了一脚。二小疼醒了见是嫂嫂，慌忙爬起来，站在地上像个愣鸡。

嫂嫂把饭罐子往地上一搁，气呼呼地说：“你倒自在，撒着牛睡大觉，牛丢了我才和你算账哩！”说完，她一扭屁股走了。

二小的肚子早就饿了，捧起罐子刚要吃，身边的大黄牛一头把罐子撞了，罐子摔了个稀巴烂。大黑狗见了地上的饭，张口就吃，不一会儿，就把地上的饭舔了个一干二净。

二小瞅着碎罐碴子害怕了，觉得回家一定会挨嫂子打骂。他长叹一声：“唉，怎么我就这样命苦啊！”

二小的“唉”声刚落，大黑狗扑通一声倒在地上，鼻子口里流血，一会儿就断了气。他这才明白，嫂嫂在饭里下了毒药。

二小心想：看来不能和这个害人精在一块儿过了，要不早晚得死在她手里。日头快落西山时，他赶着牛回了家。一进院子，扭头见哥哥打外边回来，二小心里一酸，两眼止不住地流泪。哥哥见弟弟这样伤心，不知家里出了什么事，忙问：“你为嘛这样难过？”“我把嫂嫂送的饭罐子打了，狗吃了地上的饭就死了。”哥哥听了，心里明白了八九，斗又斗不过家里的女人，确实为了难。

二小哭着说："哥，咱们分开过吧。"哥哥见弟弟说要分家，更作难了，一来弟弟还小，二来他外出做买卖，家里没有帮手也不行。可是在一块凑合着过吧，又怕弟弟有个三长两短。

二小见哥哥发愁，就说："哥，家里什么东西我都不要，只要那头牛。"弟兄俩在院里说着分家的话，媳妇听见了，打心眼里高兴。她手扒着门框冲着丈夫说："往后各过各的好，我做主依了二弟！"

哥哥眼里噙着泪花儿，一句话也说不出来。

第二天，二小赶着牛车走了。走啊走啊，越走越远。二小心想：老是这么走，走到哪儿是个头？干脆就住在这吧！他把牛车停下，砍了好多树枝子，就着山坡儿搭个棚子。棚子搭好了，就和老黄牛在这儿落了户。

那头牛是天上的金牛星下界，已经跟着二小过了一年多，这天夜里死了。老黄牛死后，一连给二小托了三个梦，梦里对二小说："到明天午时三刻，我要回天庭去了。我走后，你把我的皮剥下来，等到七月七那天，把它披在身上，保你能上天。王母娘娘有七个闺女，那天他们到天河里去洗澡。记住，那个穿绿衣裳的仙女就是你媳妇。你千万别让她们看见你，等她们都到了水里，你抱了她的衣裳就往回跑，她准追你。只要你回了家，她就不会走了。"

第二天早上醒来，二小见老黄牛死了，不吃也不喝，手摸着它啼哭。后来就把牛皮剥了，留下牛皮埋了牛，又在牛坟上跪着大哭了一场。

七月七那天，二小披上牛皮，立时两脚离了地，飘飘悠悠来到天河岸上，他悄悄地躲在树林里等着。一会儿，王母娘娘的七个女儿来了，她们一个个脱了衣裳，"扑通扑通"跳到了水里。

二小瞅准了那身绿衣裳，蹿过去抓起来就跑。三仙女见有人抱了她的衣裳，打水里出来就追。紧追慢追，追到二小家里。三仙女问二小为什么拿她的衣裳，二小说想让她做自己的媳妇。三仙女再三说天规不容，二小一再说人间比天上好。三仙女见二小长得好看，也动了心，就应了他。打这，三仙女落凡到了人间，她天天在家弹花织布，人们就叫她织女。二小天天外出卖布挣钱。小两口过起了舒心日子。

三仙女和二小过了三五年，给他生了一男一女。一天，二小到地里去干活，天上响起了天鼓，玉皇大帝派天兵天将把织女抓走了。二小回家一看，见两个孩子啼哭，不知媳妇上了哪儿，急得团团转。一问孩子，那大孩子手朝天上一指，二小才想到织女走了。他急忙披上牛皮，担起两个孩子去追赶织女。

二小心急，追得快，眼看快追上织女时，惹恼了王母娘娘："好你二小，莫非你要追到灵霄殿上去吗？"她打头上拔下银簪，在二小和织女中间一划，立刻划成了一道天河。二小没有办法过河，急得直跺脚，筐里的两个孩子直喊娘。织女和二小都哭了，可是再哭也没用。二小想给织女留个想念，就拿出牛扣套投向织女，织女接在了手里。织女想了想，没啥可送，掏出织布梭照着二小扔来，织女手劲小，把织布梭扔歪了。

直到现在，天河一边的织女星怀里有座扣套星，另一边的牛郎星旁有个梭子星。

第三则：相传在很早以前，南阳城西有个牛家庄，庄里有个聪明、忠厚、勤劳的小孩叫灵儿。因父母早亡，只好跟随哥嫂过日子。嫂子马氏为人狠毒，常常虐待灵儿。一年秋天，刚收割完毕，马氏就逼着灵儿去山上放牛，并对他说："给你这九头牛去放，要等到有了十头牛你才能回来！"灵儿听后，无可奈何，只好赶着牛离开牛家庄。

村里人闻讯赶来，对灵儿深表同情，有的送来吃的，有的送来穿的，灵儿一一致谢，然后独自一人赶着牛向山里走去。

当他走到那草深林茂的山岭就停下来歇脚，坐在树下伤心地流泪。心想要等到何年何月才会有十头牛呢？正在这个时候，有位霜白发须的老人，忽然出现在他面前，老人拍拍他的肩膀，亲切地问："孩子，你怎么一个人跑

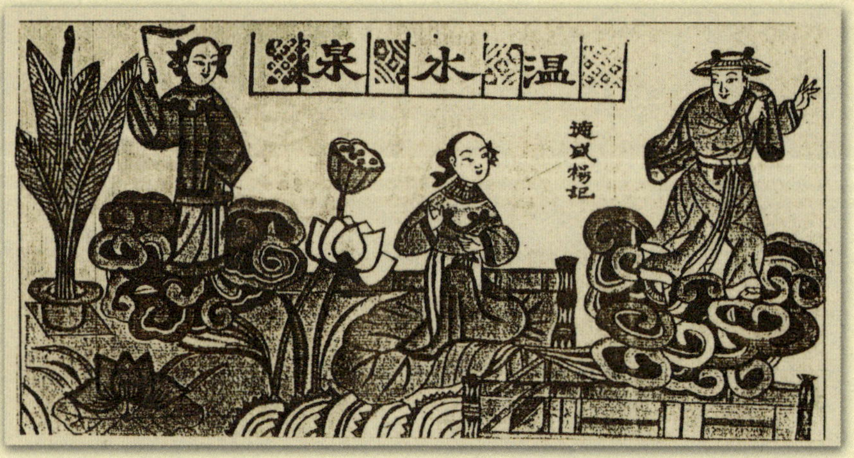

到这个偏僻的地方来放牛，为什么你这样伤心？”灵儿把嫂子虐待、逼他放牛的事，一五一十地讲了。老人笑着说：“原来是这么回事！别难过，那伏牛山里有头病倒的老牛，你好好地喂养它，等牛病好后你就可以赶着牛回家了。”说完那老人就不见了。灵儿好像做梦似的，就按老人的吩咐往伏牛山走去。

灵儿走呀走呀，翻过一道道的山，涉过一条条的涧，终于找到了那头病牛，它正在一块大平石上卧着。灵儿立即趴下去，连连磕了三次头，喊了声“牛大伯”。老牛睁开疲惫不堪的眼睛，一会儿又闭上了。灵儿看着老牛那没精打采的样子，心里想，可能是饿了，于是急忙给老牛薅了一捆又一捆的草。这样整整喂了三天三夜，老牛终于吃饱了。突然抬起头跟他讲起话来：“好孩子，我本来是天上的灰牛大仙，因偷偷把五谷种子撒下人间而触犯了天规，被玉帝摔下天庭，把腿摔坏了，动弹不得。你若能用百花露水给我洗擦一个月，我就会好的。”小灵儿听了，就在伏牛山住了下来，饿了吃些野果，渴了喝些泉水，夜里依偎在牛旁。每天清晨去采百花，用花朵上的露水给老牛洗伤。整整一个月，老牛的伤真的好了，它跟着灵儿赶着九头牛一道回家。

灵儿回到家里，嫂嫂见他真的赶了十头牛回来，硬说有一头是偷了别人的，还把他痛打了一顿，经乡亲们解劝才算作罢。此后，灵儿白天放牛，夜

七月七鹊桥会

里就睡在牛的身边，庄上的人都称他是“牛郎”。那只被牛郎救活的老牛和牛郎很亲。有一次，嫂子把毒药放到菜里，老牛告诉牛郎不要吃。嫂子于是闹着要跟牛郎分家，牛郎既不要房子也不要田地，只要那头老牛、两辆破车和一只烂箱子，就离开了家，在一棵桑树下搭了个草棚住了下来。老牛从嘴里吐出个茶豆，牛郎将茶豆种在草棚门前，第二天就破土而出，第三天长出了叶子，牛郎就忙搭架，过几天豆子藤都爬满了架子。老牛就说：“孩子，你夜里藏在茶豆架下，可以看到天上的仙女，仙女也能看到你，谁要是连续七夜偷看你，她就是盼望作你的妻子。那时我就用车拉着你上天去，把她接下凡来，与你结配婚姻。”

听了老牛的嘱咐，牛郎夜里就钻到茶豆架下朝天上望去，只见一群仙女在玉池里洗澡，临走时，有一仙女向下偷看了他一眼。第二天夜里，只见那仙女独自来到玉池边，大着胆子看牛郎。第三天夜里，望着牛郎微微地笑，第四天夜里便向牛郎点点头，第五天夜里端出一篮蚕，第六天夜里偷出一架织布机，第七天夜里拿着织布梭向牛郎招手。牛郎织女，一个在天上，一个在地下，眉来眼去，牛郎盼着织女下凡，织女盼着牛郎快去团聚。七月七这一天，从天空飞来喜鹊，落在老牛头上，喳喳喳地叫：“织女差我来，叫您快去聚。快去聚，快去聚。”老牛笑着点点头，牛郎套上车，坐上去。老牛四蹄腾空，一会儿来到了玉池。牛郎下车，和织女把织布机抬放到车上，织女挎着蚕篮上了车，牛郎也跳上车同织女坐在一起。老牛腾云驾雾，一会儿就回到了家。

乡亲们获悉牛郎成了家，都赶来贺喜。织女就把她从天上带来的天蚕分给众姐妹，教大家养蚕、抽丝、织绸缎。

于是，全村的人都知道牛郎娶了贤妻，能养蚕，会抽丝，还能织出又光又亮的绸缎，都说织女的织布机是从天上带来的，织出来的绸缎做成衣，冬暖夏凉。这消息传了出去，引来了山南海北的丝绸商人，都争着前来争购南阳绸。这事轰动了白河两岸，伏牛山区的千家万户，都送自家的姑娘来学织。织女心地善良，乐于教人，不到两年，家家户户都学会了养蚕、抽丝、织绸缎。

到了第三年的七月七，织女一胎生了一男一女，男的叫金哥，女的玉妹。牛郎耕田，织女织布，日子过得很和睦。

几年后，牛郎正在犁地，晴空突然响了一阵雷。老牛望着牛郎直流泪，并对牛郎说：“孩子，我把织女拉下天，触犯了天条，看来活不成了。我死后，王母娘娘肯定不会放过你们，到那时，你吃我的肉可以脱俗成仙，用我

抱犊寨牛郎织女家塑像：织女被天将抓回天宫，牛郎上天追赶织女 谭忠国 摄

的皮做成鞋穿上能腾云登上天去。”说完老牛应声倒下。牛郎哭了一阵之后，就依着老牛的吩咐做了。

正好七月七那一天，牛郎正在锄地，金哥、玉妹两兄妹哭丧着脸跑来告诉牛郎说：来了个老婆子，把妈妈从织布机上拉走了。牛郎急忙回家穿着用老牛皮做的鞋，一手拉着儿子，一手拉住女儿，腾空就追。眼看就要追上，王母娘娘拔下头上的金簪照脚下一划，一条波涛汹涌的大河出现了。牛郎拉着金哥、玉妹站在河边直哭，哭声惊动了玉帝。玉帝一看是一对孩子，怪可怜的，于是，就决定让他们一家人每逢七月七相会一次。

人们突然发现牛郎一家人不见了，感到蹊跷，夜间到茶豆架下朝天上望，看见一条波涛汹涌的大河，河那边的织女在哭，河这边的牛郎拉着金哥和玉妹也在哭。人们发现群星闪烁的天空多出一条银带，就叫它为天河。天河的一边多了一颗星，这颗星就叫织女星。一边多了三颗星，就是牛郎父子三人，其中那颗大的就是牛郎星。

人们想念牛郎织女，每晚总是钻到茶豆架下仰望天空。到了七月七那天晚上，突然看见满天喜鹊向着天河飞去，互相咬着尾巴，搭成一座鹊桥。牛郎一手拉着金哥，另一手拉着玉妹上了桥，织女也从桥那边过来了，走到鹊桥中间，一家人又相会了。

（三）穿针乞巧

乞手巧，乞貌巧；
乞心通，乞颜容；
乞我爹娘千百岁，
乞我姊妹千万年。

这首近代的《乞巧歌》是一首流传很广的民间歌谣。七夕节又叫“乞巧节”、“女儿节”。所谓乞巧，就是在七月七日夜里向织女乞求智慧和技巧，希望自己能够心灵手巧。为什么要向织女乞巧呢？因为织女不仅善良美丽，而且心灵手巧。她织布是天下第一快手，织的云锦五彩斑斓，还会缝无缝的天衣。现在我们所说的“天衣无缝”起先指的就是织女所缝的衣服。

乞巧的习俗大概在汉代就开始了。晋代葛洪《西京杂记》载：汉代，宫中彩女常于七月七日穿七孔针于开襟楼，然后就形成风俗了。晋周处《风土记》对乞巧有细致的描写：人们打扫庭院乞巧时，若见到银河中有奕奕白气，闪耀着五色光芒，就是牛郎织女相见的征兆。这时就要下拜，根据自己的意愿，或乞富贵，乞长寿，乞儿女。但不能三个愿望一起乞，只能乞求一个愿望，并且要诚心诚意地连乞三年，才有效验。到了南北朝时期，民间普遍有乞巧习俗。《荆楚岁时记》叙述，七夕节晚上，趁牛郎织女相聚之时，妇女们就制作彩缕，摆设香案，放上酒脯瓜果于庭中，穿七孔针向织女乞巧。如果之后有喜子（一种红色长腿小蜘蛛）结网于瓜果上，就认为是乞得了灵心巧手，万事如意。《舆地志》还记载齐武帝修了一座金铭城观，世人称之为“穿针楼”。每到七月七日，宫女们都登上城楼来穿针。

唐朝乞巧之风十分盛行。唐玄宗还在宫中建了一座“乞巧楼”，高达百丈。七夕节之夜，赐给妃嫔们九孔针、五色线，在月光下比赛穿针乞巧，谁先穿过就为最先得巧。乞巧后，演奏清商妙曲，欢宴达旦。以致城中士民

七夕桐荫乞巧
选自清《月曼清游图册》

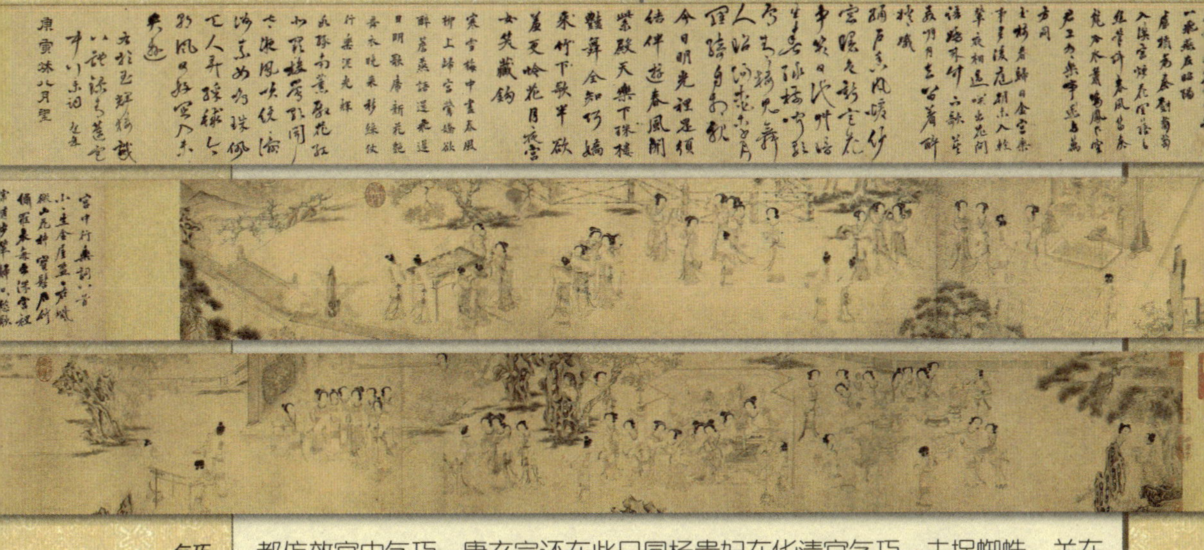

乞巧

都仿效宫中乞巧。唐玄宗还在此日同杨贵妃在华清宫乞巧，去捉蜘蛛，关在小盒中。等天亮时打开盒子，观看蛛网的稀密。“密者言巧多，稀者方巧少。”（《开元天宝遗事》）这可能与蜘蛛有“喜子”的别名，还可以“结丝”（结思）有关，它既能祈祝喜结良缘，又与人们生儿育女的祈愿相吻合。对此，唐诗多有描写。王建《宫词》中有“每年宫里穿针夜，敕赐诸亲乞巧楼”。权德舆《七夕》诗云：“今日云骈渡鹊桥，应非脉脉与迢迢。家人竟喜开妆镜，月下穿针拜九霄。”《唐诗纪事》中说：林杰幼时即有奇才，出口成文。五岁时被唐中丞召入书院，恰遇七夕节，就让他赋《乞巧》诗，以试其才。林杰援笔一挥而就：

七夕今宵看碧霄，牛郎织女渡河桥。

家家乞巧望秋月，穿尽红丝几万条。

因而被唐中丞誉为神童。

唐代还出现了后世广为流传的“金针度人”的故事。传说唐肃宗时，润州刺史郑代，他有一侄女，名郑采娘，端庄贤淑。在七夕夜向织女乞巧，晚上就梦见云雨蔽空遮盖，织女来到她面前，问采娘有什么要求？采娘回答希望乞巧。织女就送给她一枚一寸多长的金针，缀在纸上。要她三日别告诉任何人，便可得巧，不久还可变成男子。过了两日，她却忍不住告诉了母亲。母亲感到奇怪，非要看一眼不可。结果一看针便不见了，空纸上针迹犹存。一家人后悔不已。但是采娘死后得以另外托生、变成男孩的愿望还是实现了。

后来用“金针度人”比喻传授某种秘法绝技。金代元好问《论诗绝句》中就有对此事的感叹：“鸳鸯绣出从教看，莫把金针度与人。”

乞巧时所用的针，多为“七孔”或“娥九尾”，平时能用来缝衣。《醉翁谈录》卷四则说：这种针不可用，针褊（biǎn）而孔大。元代陶宗仪在《元氏掖庭记》卷一中说：七夕时妇女们用五彩线穿九尾针，以先穿完者为“得巧”，迟者为“输巧”。

宋代以后的乞巧活动比前代更为丰富，东京开封有了专卖乞巧物的市场。从七月一日起，乞巧市场就车水马龙，游人如织。即将七夕节时，更是“车马相次拥遏”（《岁时杂记》），王公贵族多结彩楼于庭，称之为“乞巧楼”，儿童作诗，女儿呈巧。他们所作的乞巧物品有黄蜡雕牛、鸳鸯、凫雁等，将之放入水中用来供奉牛郎织女；一般百姓则用竹木、麻秆编成“乞巧棚”。上刻牛郎织女和王母等仙人，还有剪纸为“仙桥”，有的还在里面种瓜果花草，以乞巧。其乞巧制品充分显示了劳动人民的聪明才智和朴素的审美情趣。

明朝时除沿袭唐宋旧俗外，还出现了一种新的卜巧形式——丢巧针。

鍼穿七孔

《帝京景物略》记载：七月七日的中午，妇女们将一盆水放在阳光下曝晒。一会儿，水面会结成一层薄膜。将针丢入水中会浮在水面，观看水底的针影，有成云雾、花朵、鸟兽形状的，有像鞋子、剪刀、茄子形状的，“谓之得巧”。

清朝在沿袭明朝丢巧针乞巧习俗的基础上，发展成“掷花针”。这种花针为松树的叶子，即松针。民间乞巧，除了以上所说的月下穿针、蜘蛛卜巧、丢花针、掷松针之外，还有多种形式。如：在井边、葡萄架下静听牛郎织女哭泣；以麦、豆所发的嫩芽，称之为“巧芽”，投放一盆静水中，如果巧芽上浮，并呈现如簪、钩、花等各种形象者，就算得巧，等等。

近代到民国时期，甚至现代，仍然有乞巧习俗，特别是在少数民族地区，不过远不如历史上那么丰富多彩了。这也是社会的进步和必然。

（四）晒书、晒衣

汉唐时期均在七夕晒衣、晒书，以防虫蛀。汉武帝时建有“曝衣阁”。《四民月令》说：七月七日，晒经书及衣裳，不会生虫。唐代沈佺期《曝衣篇》中多有吟咏：“君不见昔日宜春太液边，披香画阁与天连。灯火灼烁九微映，香气氛氲百和然。……宫中扰扰曝衣楼，天上娥娥红粉席。曝衣何许熏半黄，宫中彩女提玉箱。”作者还特别渲染了五光十色的各种衣服是如何的耀人眼光、令人艳羡：

朝霞散彩羞衣架，晚月分光劣镜台。

上有仙人长命绺，中看玉女迎欢绣。

司马懿当年因位高权重，颇受曹操的猜忌。有鉴于当时政治形势的复杂黑暗，为求自保，他便装疯病躲在家里。曹操仍然不太放心，就派了一个亲信令史暗中探查真相。时值七月七日，装疯的司马懿也在家中晒书。令史回去禀报曹操，曹操马上下令要司马懿回朝任职，否则即刻收押。司马懿只好乖乖地遵命回朝。还有一种人，在乱世中，以放浪形骸来表达心中的郁闷。他们藐视礼法，反对时俗。刘义庆的《世说新语》卷二十五载：七月七日人人晒书，只有郝隆跑到太阳底下去躺着，人家问他为什么，他回答：“我晒书”。这一方面是蔑视晒书的习俗，另一方面也是夸耀自己腹中的才学。认为腹有诗书，晒肚皮也就是晒书。唐代又定七月七日为“晒书节”，三省六部以下，各赐金若干，以备宴席之用，称为“晒书会”。

汉代晒衣的风俗在魏晋时为豪门富家创造了夸耀财富的机会。名列“竹林七贤”的阮咸就瞧不起这种做派。七月七日，当他的邻居晒衣时，只见架上全是绫罗绸缎，光彩夺目，而阮咸则不慌不忙地用竹竿挑起一件破旧衣

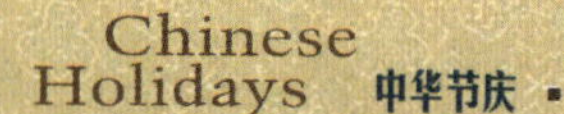

服。有人问他在干什么，他说："不能免俗，只能这样做！"由这几则小故事中，就知道当时七夕晒书、晒衣的风俗有多兴盛了。

（五）各地七夕节俗举偶

1. 嘉兴七夕香桥会。在浙江嘉兴塘汇乡古窦泾村，有七夕香桥会。每年七夕，人们都赶来参与，搭制香桥。所谓"香桥"，是用各种粗长的裹头香（以纸包着的线香）搭成长约四五米、宽约半米的桥梁，并且装上栏杆，再用五色彩线制成的花装饰两边栏杆。夜晚，人们祭祀牛郎织女双星，祈求福祥，然后将香桥焚化，象征着双星已走过香桥，欢喜地相会。可见，这香桥是由传说中的鹊桥传说演化而来的。

2.湖南、浙江妇女洗头发、接露水。妇女七夕洗发，也是特别的习俗。在湖南、江浙一带都有此记载。例如湖南株洲市的《攸县志》载："七月七日，妇女采柏叶、桃枝，煎汤沐发。"这一习俗，大约和七夕"圣水"的信仰有关。人们认为，七夕这天取泉水、河水，就如同取银河水一样，具有洁净的神圣力量。有的地方直接叫它"天孙(即织女)圣水"。因此女性在这天沐发，也就有了特殊意义，代表用银河里的圣水净发，必可获得织女神的护佑。这样沐发，不仅可以年轻美丽，而且对未婚女子，还可以尽快找到如意郎君。

还流行用脸盆接露水的习俗。传说七夕节时的露水是牛郎织女相会时的眼泪，若抹在眼上和手上，可使人眼明手快。

3.胶东拜七姐神。在胶东地区，多是在七夕拜七姐神。年轻妇女穿上新装，欢聚一堂，于庭中结盟七姐妹，口唱歌谣："天皇皇，地皇皇，俺请七姐姐下天堂。不图你针，不图你线，光学你七十二样好手段"。不少地方还制作"巧花"，少女们用面粉制成如同牡丹、莲、梅、兰、菊等花样的

七姐

饼馍食品（即巧果）；还有巧菜，即在酒盅中培育麦芽，用巧果、巧菜来祭祀织女。而在酒盅中培育麦芽，也即宋代的“种生”。在节日前用某些植物，如小麦、绿豆、小豆、豌豆等，放在器皿中用水浸泡，发芽数寸后，于七夕那日用红蓝彩线束扎起来象征得子得福。《东京梦华录》卷八载：用黄蜡铸成凫雁、鸳鸯、龟、鱼之类，彩画金缕，谓之“水上浮”。还有用蜡做成小孩模样，这是取悦于神，祈求得子的巫术。

4.中国西南染红指甲。现在女孩儿都喜欢染指甲，将其指甲染成五彩斑斓的各种图案，增添了女性的妩媚。其实我国染指甲的历史已经非常悠久，至少在宋代甚至唐代女子就已经开始了。据宋代周密《癸辛杂识》载：“凤仙花红者，捣碎入明矾少许，染指甲，用片帛缠定，过夜。如此三四次，则其色深红，洗涤不去。”而《吴郡岁华纪丽》引元代郑奎妻《秋日》诗，证明最迟在元代也有这种习俗了。其诗曰：

洞箫一曲是谁家，河汉西流月半斜。

俗染纤纤红指甲，金盆夜捣凤仙花。

凤仙花是极易种植的花卉，在瘠薄的土壤或者庭院墙根都能很好地生长。蛇、蜂子、苍蝇都躲着它，因而它能驱毒驱虫。凤仙花有红白两种，红的深红艳丽，白者白璧无瑕。据说，当年杨贵妃也曾染过红指甲。

三、古代文人与七夕节

七夕节在一定程度上是中国的“情人节”，与西方的情人节一样都带着深深的悲剧色彩。牛郎织女从两颗不相干的星星演变成“仙女、凡郎”，他们又经过了几百年的马拉松式恋爱，到了南北朝时期，织女与牛郎才最终完婚。这引起了人们对牛郎织女的极大同情。古代文人既有建功立业的志向，同时又有多愁善感的情思。因此，他们在洒下同情悲伤泪的同时，又写下了许多优美动人的诗文。牛郎织女这个凄美动人的神话故事，自汉代起便被文人所咏诵，魏晋以后越来越多，至唐宋达到高潮。

（一）坐看牵牛织女星

吟咏牛郎织女的诗文以唐代最多，也最优美。

崔颢《七夕》诗写道，长安城中如练的月色和家家乞巧的举止似乎与当时的场景不太适宜，因为宫女是如此的忧愁，织女牛郎又是遥远的隔河相望：“长安城中月如练，家家此夜持针线。仙裙玉佩空自知，天上人间不相见。长信深阴夜转幽，瑶阶金阁数萤流。班姬此夕愁无限，河汉三更看斗牛。”白居易在《七夕》中也发表了同样看法：“烟霄微月澹长空，银汉秋期万古同。几许欢情与离恨，年年并在此宵中。”对人间的乞巧，织女也许有心情不好的时候。对此晚唐的罗隐似乎非常理解：“月帐星房次第开，两情惟恐曙光催。时人不用穿针待，没得心情送巧来。”（《七夕》）

崔颢诗意图

罗隐《七夕》云：“络角星河菡萏（hàn dàn）天，一家欢笑设红筵。应倾谢女珠玑箧，尽写檀郎锦绣篇。香帐簇成排窈窕，金针穿罢拜婵娟。铜壶漏报天将晓，惆怅佳期又一年。”在荷花盛开、繁星点点的七夕夜里，一家都在乞巧：女儿乞容貌、女工，儿子乞文章功名，可是开始的欢笑却变成最终的惆怅，因为天将破晓，牛郎织女即将分别，又是漫长的一年离别。真是欢乐太短，悲伤太多！

杜牧《秋夕》则给人一些安慰，诗里的七夕夜就不再是“七月流火”，而是凉爽而惬意：“银烛秋光冷画屏，轻罗小扇扑流萤。天街夜色凉如水，坐看牵牛织女星。”因此小扇扑萤、卧看双星，一切都是那么富有诗意。

有的诗人诗中的“乞巧”，却是另有所指，已经从女红的心灵手巧演变成了政治、人际交往等方面的投机取巧。杨璞《七夕》诗即此：“未会牵牛意若何，须邀织女弄金梭。年年乞与人间巧，不道人间巧已多。”这确实对人生看得很深刻。也正是他性格的展现：他是五代末、北宋初人，性情恬淡，不慕荣华富贵，终生未仕。也正因如此，他才写得出这样的诗句来。

杜牧秋夕

还有一些诗人却能另出新意，给这个千古悲剧带来了一些喜剧色彩。李商隐在《辛未七夕》诗里就独发新见：“恐是仙家好别离，故教迢递作佳期。由来碧落银河畔，可要金风玉露时。清漏渐移相望久，微云未接归来迟。岂能无意酬乌鹊，惟与蜘蛛乞巧丝？”他认为神仙可能是喜好分别，

因而才一年一度的相会。但有秋风玉露，便胜过人间无数，我们这些凡夫俗子根本不要替神仙担忧，不要只知道自己奇巧，而冷落了搭桥的乌鹊。北宋晏几道《鹧鸪天·七夕》中，又认为牛郎织女不得团圆是因为乌鹊将信传错了："当日佳期鹊误传，至今犹作断肠仙。桥成汉渚星波外，人在鸾歌凤舞前。欢尽夜，别经年，别多欢少奈何天。情知此会无长计，咫尺凉蟾亦未圆。"作者既聊以自解又以此劝人：世间近在咫尺的许多人也未能团圆，那又何必过多悲伤呢！

（二）怅望不如河鼓星

牛郎织女虽悲，但人间却还有比他们更悲惨的事情。

徐凝似乎怀有重重的忧伤和离愁，其《七夕》云："一道鹊桥横渺渺，千声玉佩过玲玲。别离还有经年客，怅望不如河鼓星。"虽然鹊桥渺渺、玉佩声声催人离去，但他们毕竟还有一年一度的相会，他自己呢？可能就遥遥无望了。

唐玄宗和杨贵妃的悲欢恋情，与牛郎织女故事有一种特别的联系：他们总在七夕节捉蜘蛛、穿针乞巧，又在人"仙"两隔后，于此日更添绵绵思念。主张"文章合为时而著，歌诗合为事而作"的大诗人白居易，对当时的社会问题作了比较深刻的揭露和批判。他有两首非常有名的长篇叙事诗《长恨歌》和《琵琶行》。在《长恨歌》中，对唐玄宗与杨贵妃的悲剧爱情，给予了极大的同情："蜀江水碧蜀山青，圣主朝朝暮暮情。行宫见月伤心色，夜雨闻铃肠断声。""春风桃李花开日，秋雨梧桐叶落时。"作者写道，在玄宗逃往四川的路上因御林军发生兵变，使得这位风流皇上不得不赐死贵妃后，既万分悔恨又无限悲伤："夕殿萤飞思悄然，孤灯挑尽未成眠。""含情凝睇谢君王，一别音容两渺茫。昭阳殿里恩爱绝，蓬莱宫中日月长。"

于是就请一位道士去寻访贵妃，终于在蓬莱仙岛上见到了这位虽美丽依然却非常憔悴的贵妃。"玉容寂寞泪阑干，梨花一枝春带雨。"不过杨贵妃对玄宗的爱情却是丝毫未减，只是人"仙"两隔了："含情凝睇谢君王，一别音容两渺茫。昭阳殿里恩爱绝，蓬莱宫中日月长。"但她依然希望："七月七日长生殿，夜半无人私语时。在天愿作比翼鸟，在地愿为连理枝。天长地久有时尽，此恨绵绵无绝期。"中国历史上一些皇帝也有令人扼腕的爱情悲剧，不过由于《长恨歌》的主人公是大唐既有作为又风流无比的唐玄宗，作者是世界级的大诗人，因而也就更加经典了。

唐玄宗与杨贵妃

这一爱情悲剧令后人不断叹息，晚唐李商隐在《马嵬》诗中进一步指出，玄宗与贵妃的爱情连平民百姓还不如："海外徒闻更九州，他生未卜此生休。空闻虎旅鸣宵

柝（tuò，即刁斗，军中夜间巡逻时所用），无复鸡人报晓筹。此日六军同驻马，当时七夕笑牵牛。如何四纪为天子，不及卢家有莫愁。”只是军情紧急，连皇帝也无人再搭理了。多么可悲！

孟浩然

孟浩然《他乡七夕》云：“他乡逢七夕，旅馆益羁愁。不见穿针妇，空怀故国楼。绪风初减热，新月始临秋。谁忍窥河汉，迢迢问斗牛。”因为七夕节羁旅他乡，其孤愁的心情可想而知，特别是新月不明，热风灼灼，无人乞巧，所以他的心思完全在思念家乡上面，根本无心观看牛郎织女一年一度的亲密相会。

苏轼由于被新旧两党所不容，多次请求外调和被贬外地，甚至因“乌台诗案”（有人诬告他反对王安石变法）差点掉了脑袋，因而他一度对人间极不留恋，甚至厌恶。这从《菩萨蛮》词中可见一斑：“风回仙驭云开扇，更阑月堕星河转。枕上梦魂惊，晓檐疏雨零。相逢虽草草，长共天难老。终不羡人间，人间日似年。”

总观有关七夕的诗文，先是唐人的诗，继而是宋人的词，除此之外，珍品很少。

附录：【七夕节别称】

双七：此节月和日皆为七，故称，也称重七。

香日：俗传七夕牛女相会，织女要梳妆打扮、涂脂抹粉，以至满天飘香，故称。

星期：牛郎织女二星所在的方位很特别，一年才能相遇一次，故称这一日为星期。

巧夕：因七夕有乞巧的风俗，故称。

女节：七夕节以少女拜仙及乞巧、赛巧等为主要节俗活动，故称女节，亦称女儿节、少女节。

兰夜：农历七月古称“兰月”，故七夕又称“兰夜”。

小儿节：因为乞巧、乞文等俗多由少女、童子为之，故称。

穿针节：因为这天有穿针的习俗，故称。

柒

不眠之夜中秋月，天上人间两团圆

——中秋节

中秋祭月　张勃 摄

一、中秋节的起源

中秋节是我国仅次于春节的第二大传统节日，节期为农历八月十五。“中秋”一词，始见于《周礼》：仲春的白天，击鼓吹雅乐以迎暑；“中秋”夜，迎寒也像那样。一年分为四季，每季又分孟、仲、季三部分，农历七、八、九三个月为秋季，而八月居于三个月的中间，故为中秋；因为秋季的第二月叫仲秋，故中秋也称为“仲秋”。又因这个节日在秋季八月，故又称“秋节”、“八月节”、“八月会”；在这个节日里又有祈求团圆

太阴星君

的信仰和相关节俗活动，故亦称“团圆节”、“女儿节”。此外，中秋节的主要活动都是围绕“月”进行的，所以又俗称“月节”、“月夕”、“追月节”、“玩月节”、“拜月节”；在唐朝，中秋节还被称为“端正月”。

中秋节形成于隋唐之时。它的起源与我国古代的秋祀和拜月习俗有关。《说文解字》释“秋”为“禾谷熟也”。作为一个古老的农业大国，为了获得丰收，人们往往在春天和秋天祈祷土地神，前者叫“春祈”，后者叫“秋报”或“秋社”。农历八月中旬，正是秋粮收割之际，因此，家家拜祀土地神，答谢神的保佑。

另一起源与拜月有关。在《礼记·月令》中就载有：天子春天祭日，秋分的晚上祭月。《周礼·春官》也有同样的记载。汉魏以后，逐步演变成赏月，出现了大量咏月、赏月的诗赋。如汉代枚乘的《月赋》，南朝沈约的《咏月诗》，王褒的《舟中望月》等。不过那时的赏月还没有固定的日期。晋时亦有中秋赏月之举，不过不太普遍。直到隋唐时，将嫦娥奔月、吴刚伐桂、玉兔捣药、唐明皇游月宫等神话与中秋拜月结合起来，中秋节才最后形成。人们已经认识到中秋夜，月亮最圆，月光最皎洁明亮，月辉最柔和。在古代文人的笔下，中秋的月亮确实格外明亮，于是人们的心情也就

嫦娥奔月

格外高兴。唐李朴《中秋》云："皓魄当空宝镜升，云间仙籁寂无声。平分秋色一轮满，长伴云衢千里明。"欧阳詹《长安玩月诗序》认为一年之中，唯有秋天空气清爽，"太空悠悠，婵娟徘徊，桂花上浮，……肌骨与之疏凉，神气与之清冷"，是赏月的最佳时机。唐代诗人许昼《中秋月》诗，有"每逢秋半倍澄清"之句。至今民间还有俗语"月到中秋分外明"。

从科学观察来看，秋季地球与太阳的倾斜度加大，中国广阔大地上空的暖湿空气逐渐消退，而此时的西北风还很微弱。如此，湿气已去，沙尘未起，空气就显得格外清新，天空特别洁净。抬头遥望，明月如悬挂在高高的天空，非常皎洁，既圆又大。因此，中秋赏月确实有科学道理。圆满的皎洁明月又象征团圆，所以人们又称中秋节为"团圆节"。

2006年5月20日，中秋节经国务院批准列入第一批国家级非物质文化遗产名录。2007年12月14日国务院公布了新修改的《全国年节及纪念日放假办法》，该节日从2008年起为国家法定节假日。

二、中秋节的演进

宋代以降，中秋节风俗更加繁盛，赏月、赏桂、吃月饼、走月亮等蔚然成风。孟元老《东京梦华录》记载：都城开封的所有酒楼，在中秋节前都要重新结彩，装饰门面，皆卖新酒。石榴、梨、枣、栗、橘等都已成熟上市。中秋夜，富家装饰台榭楼阁；平民百姓，争占酒楼玩月。以至"丝篁鼎沸，近内庭居民，夜深遥闻笙竽之

中秋李嵩夜潮图

拜月同祈

声，宛若云外”。中秋游乐甚至通宵达旦。南宋赏月之风超过北宋，吴自牧《梦粱录》描述：当金风送爽，玉漏生凉，丹桂飘香，月光皎洁之时，“王孙公子，富家巨室，莫不登危楼，临轩玩月”，酌酒高歌，通宵欢乐。虽然贫寒之人，也要买酒，勉强欢乐一番，不肯虚度良辰。至于拜月赏月的目的，男子主要是想金榜题名，女子则希望容貌如嫦娥（《新编醉翁谈录》）。

南宋在赏月之时又增加赏灯的习俗，使得天空的明月和地上的灯火交相辉映。据《武林旧事》记载：此夜在钱塘江里，放“一点红”羊皮小冰灯数十万盏。若繁星闪耀，引人观看。各地街市，也多悬灯，以助月色，庆贺中秋。广州等地甚至像元宵节那样，各家于中秋前夕，就开始扎灯。高贵之家灯高达数丈，家人聚于灯下欢饮为乐；一般百姓之家则竖起竹竿，挂两盏灯笼自取其乐。

南宋宫廷为了中秋赏月还专门建有“赏月桥”。据周密《癸辛杂识》记载：德寿宫里的赏月桥，又叫“万岁桥”，是用南宋抗金名将吴璘进贡的高级阶石砌成，晶莹如玉，并且用金色的钉子固定玉桥。桥下有千叶白莲花。

皇帝所用的御几、御榻及瓶炉酒具皆用水晶制成。淳熙九年（1183年）中秋，太上皇高宗赵构与他的侄子孝宗赵昚（shèn）在“万岁桥”赏月。当华月初上之时，乐器齐奏，歌声直冲云霄，两位皇帝欢宴兴浓。“霓裳羽衣舞曲”吹奏得两位皇上如痴如醉。当时担任侍宴官的曾觌（dí），还献上宴席上填写的一首新词《壶中天慢》，其中有“素飙漾碧，看天衢（qú）稳送、一轮明月。……玉手瑶笙，一时同色，小按霓裳叠。……云海尘清，山河影满，桂冷吹香雪。何劳玉斧，金瓯千古无缺”！要知道，偏安一隅的南宋小朝廷与金朝签订的第二次和议不过刚刚二十余年，岳飞被害死也不过四十余年。昏庸荒淫的皇帝奸臣真以为是太平盛世了。正如陆游所批判的：“和戎诏下十五年，将军不战空临边。朱门沉沉按歌舞，厩马肥死弓断弦。”

赏月图

明清两朝的赏月活动，盛行不衰。且所上的果品、月饼等祭品必须是圆形的。当月亮初升时，家家就请出“月光位”，对着月亮的方向遥拜。亲戚邻居皆以果品月饼相馈赠。彼此不在乎多少，而只看重有无，因为这是衷心祝愿别人团圆的行动表现。民国中秋风俗基本上同清代。直至新中国成立初期，还有以月饼、果品供月亮的习俗。

中秋节成为一年之中的重大节日，又与科举考试有着极其密切的关系。南北朝时期，在传统的察举制和九品中正制内孕育出新的科举制的萌芽，考生可以自由投考。然后在隋朝正式推行。宋元明清时代，得到完善。直到光绪三十一年（1905年），在晚清维新思潮的激烈鼓荡下，科举制才正式废除，前后一共实行了一千三百多年。在我国封建社会，开科取士，一直是朝廷十分重视的一件大事。而三年一次的秋闱大比，恰好安排在八月里举行。

胜景与激情结合在一起，人们便将应试高中者，誉为月中折桂之人。每到中秋，必须进行隆重庆贺，成为全社会的重要风俗。后世一直也以“月中折桂”比喻为金榜题名。

郭沫若少年聪慧顽皮。在他就读的私塾后院有座寺庙，庙里有棵桃树。一天，私塾先生因事外出，郭沫若便和同学们翻过后院的矮墙去偷摘桃子吃，被寺庙里的僧人发现，告到先生跟前。

翌日，先生严词厉色追查偷桃事件，可是谁也不敢当面承认。先生在恼怒之下，出了责备、挖苦学生的上联，宣布如果对不出下联，一定要严惩：

昨日偷桃钻狗洞，不知是谁？

郭沫若略一思索，马上对出下联：

他年攀桂步蟾宫，必定有我！

先生听后，转怒为喜，称赞不已，全体同学也因而免遭惩罚。从此，郭沫若更加受到先生的器重了。

三、中秋节的主要习俗

（一）吴刚伐桂

中秋之夜，当一轮皎洁的明月冉冉东升之时，人们会有无尽的追问、遐思和憧憬：月亮为何能如此明亮，月亮里究竟有什么东西？早在战国以前，就传说月中有蟾蜍。屈原在《天问》中疑惑地问道：月光有什么德行，怎么消失了又会产生？而让蟾蜍在月亮的肚子里，又有什么好处呢？到了汉代，又传说月中还有玉兔。由于月中有蟾蜍和玉兔之说广泛流传，所以，古人常常以“金兔”、“玉兔”或“蟾兔”作为月亮的别称。汉晋以来，还传说月中有一棵大桂树，这棵桂树因功能特异，所以又名娑罗树。《太平御览》

引《淮南子》云："月中有桂树。"所以后世又称月亮为"桂月"、"桂宫"、"桂轮"等。到了唐代，段成式《酉阳杂俎(zǔ)·天咫》中，进一步演绎出吴刚伐桂的神话。

传说月中桂树高达五百丈，而且有神奇的自愈功能，刀斧砍下之后，马上就会愈合。有一位吴刚，本为樵夫，是汉朝西河人，跟随仙人学道上了天界。但他学道有错，仙人便把他贬到月宫，要他把桂树砍倒以示惩罚。当然桂树是砍不倒的，吴刚每砍下一斧，刚砍下的缺口马上就生拢愈合了。尽管一砍一合，边砍边愈，但他不敢丝毫怠慢偷懒，还是从早到晚毫不歇息地砍着、砍着。因此吴刚在月宫常年伐桂，始终砍不倒这棵树。

有的地方民间则有这样的流传，说桂树即将要砍倒时，天就黑了，吴刚只好回家歇息。等到第二天早上，来到桂树旁边，哎，真是奇怪得很，昨天砍出的缺口又完全生拢愈合了。他只得从头开始。一连三天全是这样，第四天，眼看桂树即将砍倒，天又黑了。他怕桂树又生拢，便将饭篮挂在桂树枝上，干脆不回家了，并且自己陷在缺口里睡觉。哪知天亮醒来，桂树已经把他紧紧地夹在缺口里动弹不得。他只好永远留在那儿了。所以至今，如果有月亮的晚上，你对着月亮仔细看时，确实会隐隐约约地看到，桂树上挂着一只篮子，桂树脚下歪歪斜斜地躺着一个人——那就是吴刚的饭篮和他本人。

月宫图

这实际上是在传授一个道理，即一个人做事必须认认真真，如果犯错，那就必须接受处罚。

（二）嫦娥奔月

嫦娥奔月 （明）唐寅

吴刚伐桂是一个使人警醒的神话故事，但也有些残忍。而嫦娥奔月的传说则较为美丽动人。这则故事，早在战国时代的《山海经·大荒西经》中就记载：有女子洗月亮。这个女子便是帝俊的妻子，名叫常羲（xī）。这个“常羲”大约是嫦娥最早的原型。常羲古代又称为“常仪”或“尚仪”，《吕氏春秋·勿躬》有“尚仪作占月”之语。到了汉代，《淮南子·览冥（míng）训》中有嫦娥奔月的故事梗概。后来又不断添枝加叶，变得更加完整和神奇。

嫦娥是帝喾（kù）的女儿，后羿（帝羿，yì）的妻子，也称姮（héng）娥，美貌非凡。后羿是尧（yáo）帝的神射手，力大无穷。相传远古时候，十个太阳同时出来，将庄稼都晒死了，甚至有的人被晒成了虫子。后羿想拯救人类，就登上昆仑山顶，运足神力，拉开神弓，一连射下九个太阳，吓得最后一个太阳也躲得远远的。后羿让大公鸡把它请了回来，并命令它按时起落。后羿因此深受百姓的爱戴，又娶了美丽善良的嫦娥为妻。

后羿名声远扬，不少人慕名前来投师学艺。可是有个心术不正的人叫蓬蒙，也混了进来，并且将后羿的箭术几乎全部学到手了。

一天，后羿到昆仑山访友求道，巧遇王母娘娘，便向王母求得一包不死药。据说，服下此药，能即刻成仙升天。后羿将这包不死药交给嫦娥珍藏，嫦娥将药藏进梳妆台的百宝箱里。

三天后，后羿率领众徒弟外出狩猎。心怀鬼胎想吃不死药成仙的蓬蒙，假装生病留了下来。他手持宝剑闯入内宅，威逼嫦娥交出不死药。嫦娥知道自己不是蓬蒙的对手，危急之时慌忙打开百宝箱，拿出不死药一口吞了下去。嫦娥吞下药后，身子立时飘离地面，冲出窗口，向天上飞去。由于牵挂着丈夫，她就只飞到离人间最近的月亮上成了仙。

傍晚，后羿打猎归来，侍女们哭诉了白天发生的悲惨事情。后羿又惊又怒，提剑去杀恶徒蓬蒙，哪知道他早逃走了。后羿气得捶胸顿足，悲痛欲绝。他抬头望着月亮，呼唤着娇妻。这时他惊奇地发现，今夜的月亮格外皎洁明亮，而且里面有个晃动的身影酷似嫦娥。于是他拼命朝月亮追去。可是他追三步，月亮退三步，他退三步，月亮进三步，无论怎样也追不上月亮。

嫦娥

后羿无可奈何，只好到后花园里摆上香案，放上嫦娥平时最爱吃的蜜食鲜果，遥祭月宫里同样思念自己的嫦娥。附近的百姓闻知嫦娥成仙的消息后，也都纷纷在月下摆设香案，遥祝嫦娥吉祥平安。

从此，中秋节拜月的风俗就在民间传开了。

此后，嫦娥和后羿就只好是天上人间空相思了。而对住在凄清冷漠的广寒宫里的嫦娥，她的心境和生活引起了后世不少文人骚客的感慨、遐思。可是由于所取素材和观点的不同，对善良美丽的嫦娥有赞美同情的，也有讽刺诋毁的。其中晚唐诗人李商隐的《嫦娥》诗就表现了嫦娥深深的寂寞和悔恨：

云母屏风烛影深，长河渐落晓星沉。
嫦娥应悔偷灵药，碧海青天夜夜心。

明代诗人边贡的同题诗作，除了类似看法外，还表达了人间天上两可爱的折中观点：

月宫秋冷桂团团，岁岁花开只自攀。

共在人间说天上，不知天上忆人间。

还有说嫦娥飞到月宫后，变成了丑陋的蟾蜍，并受罚在月宫捣药，《初学记》引古本《淮南子》有此记载。唐代诗人陈陶、袁郊诗里也是这样描写的。

实际上类似这些神话传说，体现出人类对美丽月亮的种种探索和遐思，同时反映了妇女追求自由解放和独立的强烈愿望，而对嫦娥的讽刺诋毁则折射出封建社会那顽固落后的“男尊女卑”观念。

（三）中秋赏月

赏月源于祭月，但由严肃的祭祀演变成了轻松的娱乐。

民间中秋赏月大约始于魏晋时期，但尚未流行。至唐代，赏月、玩月之风颇为盛行。唐人的咏月诗赋，大都豪气冲天，或轻松愉快，而宋人特别是南宋，更多的是感物伤怀。如苏轼的《阳关曲·中秋月》：“暮云收尽溢清寒，银汉无声转玉盘。此生此夜不长好，明月明年何处看！”连非常旷达的苏轼也有“好景不长，人生短暂”之感，其他人就更不用说了。宋代的中秋是不眠之夜，尤其是在江南，如同元宵节一样，连名门闺秀也盛装出游，俗称“走月亮”。此后直到明清，甚至民国，赏月之风，一直流行。明代时，家家设有月亮姑娘的牌位，俗称“月光位”。

每逢中秋，一轮明月东升时，家家户户便端出香案、茶几，拿出香纸、蜡烛，月饼、石榴、西瓜等时新果品（食品中月饼和西瓜必不可少，西瓜还要切成莲花状），将月亮神像放在月亮升起的方向，红烛高燃，香烟缭绕，全家人依次对着神像祭祀和天空的月亮遥祭，说出自己的心愿。然后，由主妇将月饼按照全家的人数、不管在家与否，大小一样地切开，分送给每个人品尝，赏月、畅谈、娱乐。年轻人则四处出游，文人雅士还要吟诗作对。但是到清代时，男子就多不叩拜月亮姑娘了，叫做“男不拜月，女不祭灶”。中秋赏月主要表现了三个主题：①月亮的美丽神奇；②异地的怀乡思亲；③人生的不幸际遇。每当遭遇不幸、处于逆境时，人们往往用月亮来寄思抒情。这一类诗词占了很大比重。

中秋赏月
选自清《十二月令图轴》

《开元天宝遗事》记载：唐玄宗曾和杨贵妃中秋赏月，眼看明月西坠，于是下令在太液池西岸，另筑一百尺高台，以备来年赏月之用。其他典籍还有唐玄宗和道士们游月宫后，回到人间后谱“霓(ní)裳羽衣舞曲”的神奇叙述。实际上，人类对月球的探索一直就没有停息，但长期以来，月球还是处于神秘阶段，直到现代科学的飞速进步，才使得登月变成现实。美国和前苏联都已登上月球，初步撩开了月亮的神秘面纱。我国也于2005年7月24日发射了“嫦娥一号”月球探测器，而且中国人也终于在2008年9月进行了太空行走。不久的未来就可实现人类登上月球的梦想。

据宋代朱翌（yì）《曲消旧闻》载：“中秋玩月，不知起于何时。考

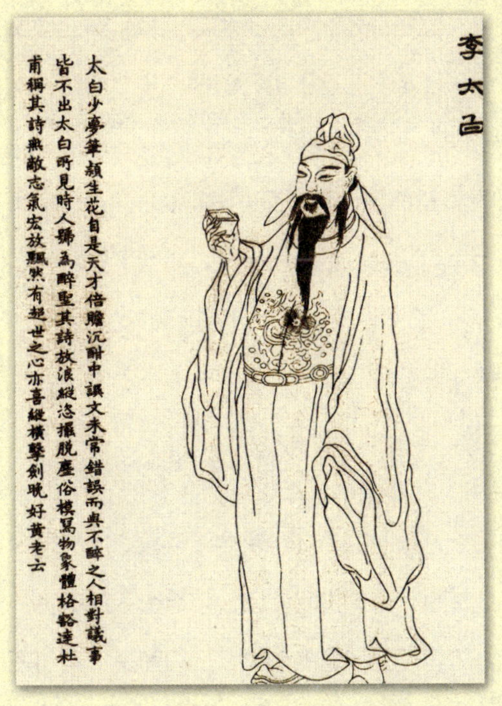

李白

古人赋诗，则始于杜子美（杜甫）。”唐人确有许多中秋赏月诗。李白有“月亮诗人”之雅号，他在“花间一壶酒，独酌无相亲”时，会“举杯邀明月，对影成三人”。还会问月、对月思索，他能得出哲理的诗句，使人感悟深思：“青天有月来几时，我今停杯一问之。人攀明月不可得，月行却与人相随。”“今人不见古时月，今月曾经照古人。古人今人若流水，共看明月皆如此。惟愿当歌对酒时，月光长照金樽里。”王建诗云：“月似圆来色渐凝，玉盆盛水欲侵棱。夜深尽放家人睡，直到天明不炷（《玩月》）灯。”徐凝诗云：“皎皎秋月八月圆，嫦娥端正桂枝鲜。一年无似如今夜，十二峰前看不眠。”

岁华纪胜 玩月

白居易被贬江州（今九江）司马，由于境遇不同，心情也就不同了：往年的中秋，是在曲江池畔杏园赏月，今年（公元815年），却潦倒在沙头水馆前。“西北望乡何处是，东南见月几回圆。临风一叹无人会，今夜清光似往年。”因此，惆怅伤感无限。唐代王建的《十五夜望月寄杜郎中》，就是一首望月寄托愁思的名诗：

中庭地白树栖鸦，冷露无声湿桂花。

今夜月明人尽望，不知秋思落谁家。

月亮虽然皎洁美丽，照亮中庭，但是其他景物却不尽如人意：树上栖息的是寒鸦，冰冷的露水无情地打湿了桂花。在这不协调的情境中，尽管人人望月，但明月和秋景可能都是一片愁思。

张祜（hù）《中秋月》诗中，景是美景，但人却是异乡人："碧落桂含姿，清秋是素期。一年逢好夜，万里见明时。绝域行应久，高城下更迟。人间系情事，何处不相思!"因此只有望月兴叹，平添一份离愁别恨。

章孝标的《八月》则描写了宫女的赏月情景：

徒倚仙居绕翠楼，分明宫漏静兼秋。

长安夜夜家家月，几处笙歌几处愁。

宫女居住的虽是仙居翠楼，可是连计时的玉漏也带上了秋思。月光再皎洁，笙歌再悠扬，宫女们却是处处离愁，深深哀怨。因为自被选入宫中后，绝大多数就再也见不到亲人了，有的甚至订了婚的宫女，也只能是"侯门一进深似海，从此萧郎是路人"了。

李清照《一剪梅》在雁回月满的中秋夜，回忆和爱人分别时的情景："红藕香残玉簟秋，轻解罗裳，独上兰舟。云中谁寄锦书来？雁字回时，月满西楼。　花自飘零水自流，一种相思，两处闲愁。此情无计可消除，才下眉头，却上心头。"在荷花凋谢的水滨，夫君踏船离她而去。虽然两人情深意厚，但李清照似乎有轻轻的哀怨：她用"红花"和"流水"比喻两人的感情，不过"花红易衰似郎意，水流无限似侬愁"。情感虽然复杂，对爱人的

李清照

思念却是无尽的。朱淑真的命运就更惨，她是理学家朱熹的侄女，婚后琴瑟不谐，时常处于痛苦煎熬之中，后忧郁而终。因此，佳节虽到，却惆怅连连：“杳杳长空敛雾烟，冰轮都胜别时圆。风转漏报天将晓，惆怅婵娟又一年。”（《中秋月》）

作为政治家的文人，他们笔下的中秋夜其情其景又别具一格。

刘禹锡《八月十五夜玩月》体现出将文人的浪漫和政治家的抱负较好地结合了起来：“天将今夜月，一遍洗寰瀛。暑退九霄净，秋澄万景清。星辰让光彩，风露发晶英。能变人间世，翛（xiāo）然是玉京。”寄托了改造社会的政治理想，希望把人间也变得像月宫那么美好。辛弃疾在建康任参议官时，于中秋夜为其友吕叔潜赋《太常引》，流露出事业无成的苦闷：“一轮秋影转金波，飞镜又重磨。把酒问姮（héng）娥：被白发欺人奈何！乘风好去，长空万里，直下看山河。斫（zhuó）去桂婆娑，人道是清光更多！”作者当时还是中年，为何就头染秋霜了呢？因为他的志向是收复祖国大好河山，他认为只要能将皇帝身边的奸贼昏官清除后，人间就会更加美好。

而宋代甚至整个中国吟月诗词中最脍炙人口和流传最广的，可能应算苏轼的《水调歌头》了：

苏轼

明月几时有？把酒问青天，不知天上宫阙，今夕是何年。

我欲乘风归去，又恐琼楼玉宇，高处不胜寒。

起舞弄清影，何似在人间。

转朱阁，低绮户，照无眠。不应有恨，何事长向别时圆。

人有悲欢离合，月有阴晴圆缺，此事古难全。

但愿人长久，千里共婵娟。

由于有人诬告说苏轼反对王安石变法，苏轼已被宣判死刑，后被贬到湖北黄冈。此词作于他四十一岁，任密州（山东诸城）太守时。他在中秋夜写词咏怀，感叹人生，同时表达思念兄弟苏辙之情。苏轼非常旷达，对佛道都深有钻研，因此他的问月所表达的人生哲理就非常深刻：认为天上可能还没有人间美好，人之悲欢离合，月的阴晴圆缺，自古如此，不用太过悲伤，只要能健康长寿、家庭和睦，就心满意足了。

苏轼这种旷达胸怀和坚强意志，已经成了中国人的人生态度和民族精神的重要部分。

（四）中秋月饼

1. 历代月饼。俗语云："八月十五月正圆，中秋月饼香又甜。"月饼象征团圆，是中秋祭月和拜土地公的必备祭品。

吃月饼的风俗最初见于唐代《洛阳见闻》的记载：唐僖宗在中秋品尝月饼，味极美。便命将月饼也赏给新科进士。另外又有传说，月饼最初起源于唐朝军队祝捷食品。唐高祖年间，大将军

各式月饼

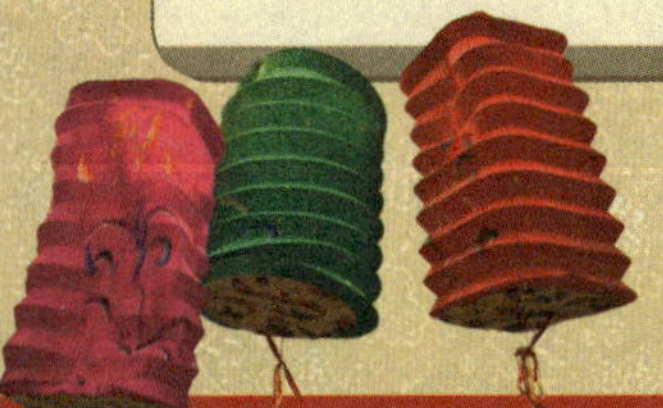

中秋月饼

李靖征讨匈奴得胜，八月十五凯旋而归。当时有经商的吐鲁番人向唐朝皇帝献饼祝捷。高祖李渊接过华丽的饼盒，拿出圆饼，笑指空中明月说：“应将胡饼邀蟾蜍。”说完把饼分给群臣一起吃。若此说确实，这可能是中秋节分食月饼的开始。

吃月饼也是宋代以来必不可少的一项重要内容。不过起初的月饼较为简单，只是像菱花饼一样的饼形食品。苏轼吃的月饼则“小饼如嚼月，中有酥与饴”（酥油与饴糖）。作为一种食品，同赏月联系在一起，始见于南宋周密的《武林旧事》。明代有关的记述就更多了。《苑署杂记》中说，每至中秋，百姓都制作大小不等的面饼，互相赠送，呼为“月饼”。宋代月饼花样已有“荷叶”、“金花”、“芙蓉”等花色名目。南宋吴自牧的《梦粱录》中叙述的“月饼”花样则更多，如：“金银炙焦牡丹饼”、“枣箍荷叶饼”、“芙蓉饼”、“菊花饼”、“梅花饼”、“开炉饼”……成为点心铺供应的时令佳品。

从元代到明清，中秋节基本上沿袭唐宋两朝的旧俗，但是内容更丰富多彩，更奢侈浮华。蒙古族入主中原后，接受了汉族的风俗，也大过中秋节。据《元氏掖（yē）庭记》所载：元武宗于己酉年（1309年）中秋节，与妃嫔大宴龙池，场面盛大，非常丰盛：波光映天，绿荷含香，芳藻吐秀，游鱼浮鸟群集水面。艳丽的妃嫔分为“凤队”和“鹤团”两队，驾彩莲小舟，来回荡于水面，轻快如飞。又令宫女们披罗绮、甩长袖轻歌曼舞。“荐蜻翅之脯，进秋风之鲙（kuài），酌元霜之酒，啗（dàn）华月之糕。”并且得意洋洋地说：“昔年西王母曾宴穆天子于瑶池，人人都认为古今没有此乐。朕今天……不会比瑶池差。”元武宗还把此宴与唐明皇相比：当年明皇游月宫，见到嫦娥数十人在桂树下歌舞。他今夜的人间之乐，当不减天上。明代赏月、祭月、吃月饼也是中秋节的风尚。《帝京景物略》记载：祭月时，果饼必须是圆形的月饼，所供果品必须切成莲花状。清代称中秋节为“八月节”或“八月半”。拜月、吃月饼之风俗，全国各地基本相同，与前代相比，也无太大差别。但月饼的用料和制作越来越精细和考究。在月饼的表面，印有各种精美的图案和饱含文化意蕴的词语，如“嫦娥奔月”、“银河夜月”、“三潭印月”、“花好月圆”等。表达了人们追求幸福生活的美好愿望。

送月饼

民国年间，月饼品种增多，花样翻新。其中以广东月饼最富有特色。大约有八十多种，著名的就有：凤凰西山月、银河映秋月、东坡腾皓月、珠海团圆月、西湖燕窝月、椰蓉蛋黄月、宝鸭穿莲月、金花香腿月、五仁罗汉月、冬菇腊肠月等等。极为名贵的月饼有：唐皇燕月、七星伴月、西施酥月等。根据各地饮食习惯，咸、甜、荤、素，味道各具，光面、花边各有特色。明末彭蕴章《幽州风土记》描绘了月饼的奇巧形状和嫦娥的心境及劳作："月宫饼，制就银蟾紫府形，一双瞻兔满人间。悔煞嫦娥偷药年，奔入广寒归不得，空劳玉杵驻丹颜。"看来由于蟾蜍形状和玉兔形状的月饼遍满人间，嫦娥虽然美貌永驻，但月宫寂寞，她还要经常捣药，可能是深深悔恨了。当然，这是用衬托法说明月饼的香甜和人间的美好。清代富察敦崇《燕京岁时记》中也有"至供月饼，到处皆有，大者尺余，上绘月宫蟾兔之形"的记述。

尽管各地风格不同，但月饼不外乎分为"提浆"、"酥皮"、"硬皮"三大类。提浆月饼也叫浆皮月饼。其做法是先将熬好的糖浆和在面团里调好，做成月饼皮。然后将咸肉、甜肉、火腿、枣泥、莲茸、椰茸等包入里面。广式月饼即是此类。酥皮月饼，其做法是将面粉、饴糖、猪油用热水搅拌做成月饼皮，用白果、豆沙、火腿等作馅。苏式月饼属于此类。硬皮月饼，用面粉、白糖、饴糖(用米和麦芽为原料制成的糖)、酥油加小苏打和面做成月饼皮，桂花、瓜子仁、核桃仁青红丝等搅拌为馅。北京自来红、自来白即是。包好后，饼面印各色花纹。

月饼甚至是我国航天员的必备食品。2003年"神舟五号"飞船遨游太空时，月饼就是其中的食品。航天员杨利伟后来说："我吃的是非常有中华民族传统特色的小月饼。"

中秋形成后的一千多年来，从月饼的用料和制作越来越精细和考究，月饼表面的各种精美图案和饱含文化意蕴的词语上，足可看出我国民众对中秋节的极大重视和热情，体现出人们对美好生活的向往，也写出了月饼等饮食文化的小史。

2. 吃月饼的来历。关于吃月饼的来历有两个传说。一则是唐朝的神话故事，说的是美丽的嫦娥对丈夫后羿的暴行不满，于是她偷走了丈夫的长生不老药，飞上了月宫。后羿对自己的暴行非常后悔，对妻子日思夜想，可惜没有改正的机会了。一天夜里，忽然有童子求见，自称是嫦娥的信使。童子对后羿说:夫人知君怀思，无从得降，明日乃月圆之候，君宜用米粉做丸，团团如月，置室西北方，叫夫人之名，夫人就可下凡。后羿如法而行，嫦娥果然降临。后来吃月饼的习俗就逐渐在民间传开了。

另一则传说讲的是在元朝末年时，“鞑子”（老百姓对蒙古统治者的蔑称）四处横行，老百姓每家都住有一个“鞑子”，由汉人供养，监视汉人的行动，并且只允许三家共用一把菜刀。他们吃喝玩乐，奸淫掳掠，人民不堪忍受。朱元璋领导的起义军决定以武力推翻蒙古族的统治。军师刘伯温想出一条计策，决定起义军用月饼传递情报，在月饼里藏有“八月十五杀鞑子”的口号。这样掰开月饼就可以读到里面的密信。起义军用这种方式成功地发动了起义，消灭了元朝统治者。这场起义刚好发生在农历8月15日，这就是为什么人们要在这一天吃月饼的缘由。这则传说产生较晚，但在民间更加流行。

（五）玩兔儿爷

月宫里为什么有玉兔呢？据说是神仙将它送上去的。传说有三位神仙变成三个可怜的老人，向狐狸、猴子和兔子讨食。狐狸和猴子都有食物济助老人，唯独兔子没有，它束手无策。看到饿得浑身无力的老人，它决定牺牲自己救活他们，就对三位老人说：“我实在没有食物。老人家，请您们吃我的肉吧！”就捡来柴火，燃起熊熊烈火。自己一跃跳入烈火中，将自己烧熟。神仙们大受感动，知道兔子有一颗善良的心，就救活了它，并把它送到月宫，成了玉兔。让它在月宫陪伴嫦娥，又让它捣药为人间治病。

玉兔捣药

祀兔成风

兔儿爷

兔儿爷的起源约在明代。明纪坤的《花王阁剩稿》记载："京中秋节多以泥捏兔形，衣冠踞坐如人状，儿女祀而拜之。"但是到了清代，兔儿爷已由祭拜对象转变为中秋节时儿童的玩具。其角色和形象也多种多样，有的扮成武将，头戴盔甲，身披战袍；也有背插纸旗或纸伞，也有坐着似麒麟虎豹形状的；也有扮成兔首人身的商贩或剃头师傅，或是缝鞋、卖馄饨、茶汤的，不一而足。

经过民间观念和艺人不断演化，玉兔基本上由神兔变成人格化的兔子了。它兔首人身，手持玉杵。后来的艺人还把兔儿爷雕刻成金盔金甲的武士，它或者骑着狮子、老虎、大象等猛兽，或者骑着漂亮的孔雀、仙鹤等飞禽。还有一种肘关节和下颌能活动的兔儿爷，俗称“吧嗒嘴”，更讨人喜爱。兔儿爷的角色和形象在不断演变，它虽为拜月的供品，但更多的是成了孩子们的心爱玩具。

在新中国成立初期的北京，一过七月十五，兔儿爷摊子就摆出来了。前门五牌楼、后门鼓楼前、西单、东四等处，到处摆满了大大小小、高高低低、各形各样的兔儿爷。大人带着孩子，到处逛兔儿摊，选择孩子们喜欢的兔儿爷。

（六）偷月亮菜、偷瓜送子

“偷月亮菜”是侗族的一种风习，盛行于湖南新晃。传说中秋夜里，月宫仙女下凡，将甘露遍洒人间。仙女的甘露是无私的，因而此夜人人可以共享洒有甘露的瓜果蔬菜。当晚姑娘们打着花伞，可以进任何一家的菜园摘瓜果蔬菜，不算偷盗。不过实际上姑娘们总是专“偷”自己中意的后生家的园圃，并且高呼：“喂！你的瓜菜被我扯走了，你到我家去吃油茶吧！”原来，她们这是借助月宫仙女传递红线呢。如果能摘到一个并蒂的瓜果，表示她们会有幸福的爱情。因此，成双生长的豆角就成了她们采摘的主要对象。大嫂们亦可参加，但她们主要是“偷”瓜或毛豆，象征小孩的肥壮、毛头健康（毛豆的谐音，指小孩）。小伙子也可去姑娘家园圃偷菜，但不准带回家，只能在野外煮食。“偷月亮菜”，使侗寨的中秋之夜增添了无限欢乐和神奇色彩。在我国台湾，中秋夜有未婚女子“偷菜求郎”之俗。妆饰美丽的女子踏着月光，往别人菜圃中偷摘大葱及蔬菜，这预示她能遇到如意郎君。因此有“偷着葱，嫁好夫；偷着菜，嫁好婿”之谚语。

中秋之日，也是求子之时。《东京梦华录》卷八载：八月秋社，已婚妇女皆归娘家。晚上回来时，外公、姨舅多赠送新葫芦儿、枣儿。但更普遍的方法是偷瓜送子，以南方最为流行，也叫“摸秋求子”。《中华全国风俗志》载：南京地区妇女在中秋夜潜入人家菜园，摸得瓜者可得子。湖南也有此俗，凡已婚数年没有生育的人，亲友就在中秋夜给她们送瓜。在数日之前在菜园中窃得一个冬瓜，将瓜雕绘成人形，穿上小儿的衣服，届时请一位年长命好的人抱着，鸣金放炮送到她家，将瓜放在床上，用被子盖着，口中念道：“种瓜得瓜，种豆得豆”。受瓜者把它看成是一桩喜事，盛宴款待之，然后剖开煮熟吃掉。在贵州和湖南湘西的苗族，受瓜者还要与瓜伴睡一夜，次日将瓜煮熟吃掉，以为这样可以怀孕。这实际上是一种巫术做法。

在湘西则流传着偷瓜送子的古老由来。说是古时有户土家人，年过半百还没有儿女。这事让玉皇知道了，便打发金童下界，去做这两夫妇的儿子，叫金童躲在两夫妇和邻居合种的菜园的冬瓜里面。等到中秋摘瓜时，见到有

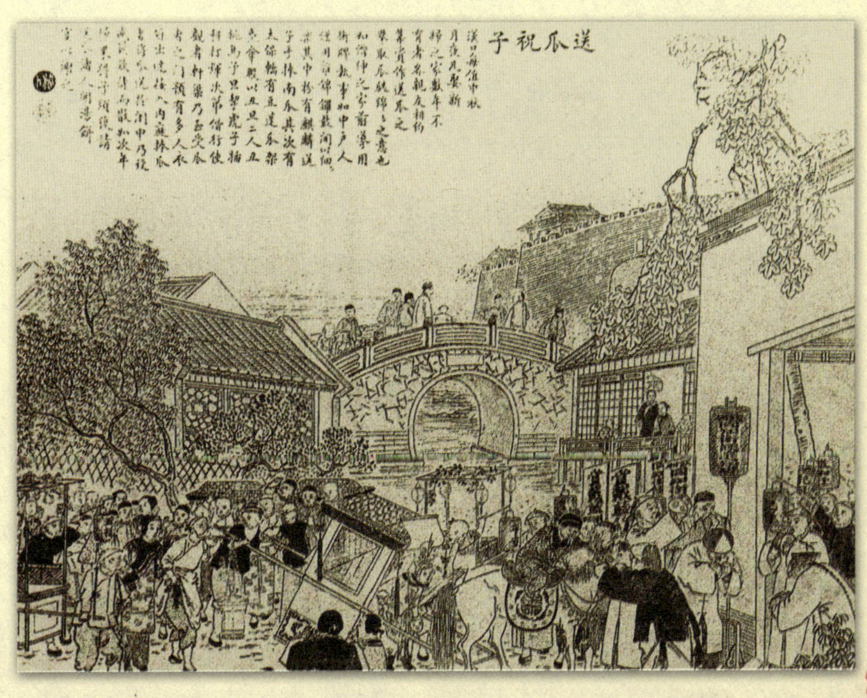

送瓜祝子

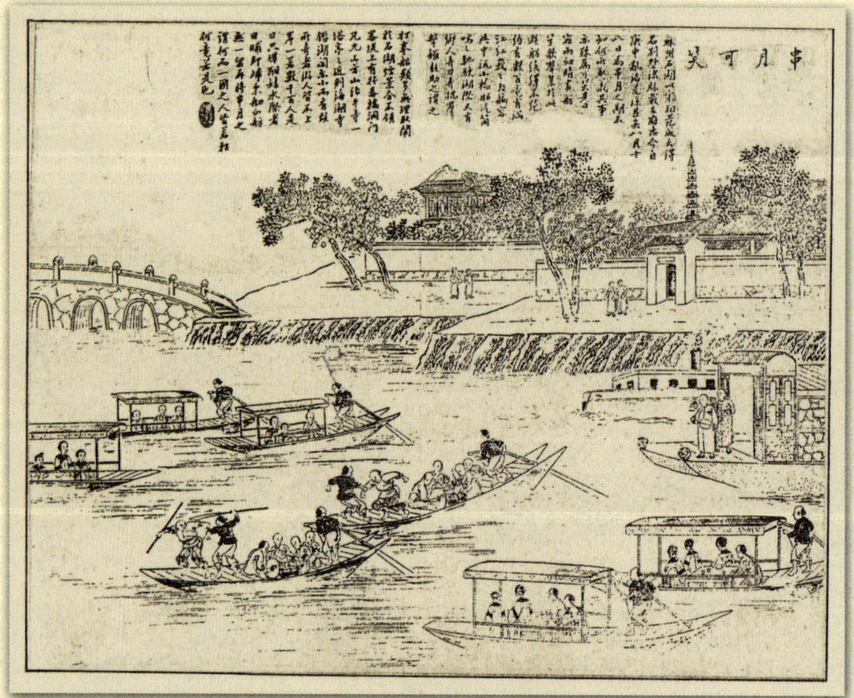

串月可笑

个冬瓜长得活像个伢崽子，邻居就叫两夫妇摘回去做个冬瓜儿养着，两夫妇则要邻居摘回去，邻居也不肯。半夜时，邻居就把冬瓜摘下，用红布包裹着，送到老夫妇家里，说是捡了个月伢儿。两老信以为真，将红布一打开，冬瓜“嘣”地一下炸开了，里面当真有个肥胖胖的伢儿，抖脚舞手，逗人喜爱。两老眉开眼笑，邻居惊奇得目瞪口呆。冬瓜儿的故事迅速传遍了土家山寨。于是中秋偷瓜送子的风俗，就这样一代代流传下来。

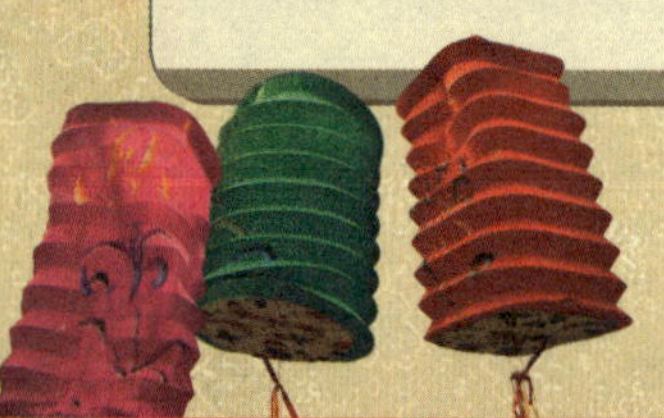

捌

独在异乡为异客，每逢佳节倍思亲

——重阳节

菊花

一、重阳节的起源与演进

（一）重阳节的起源

重阳节又名九月九、重九、茱萸节、菊花节。因为《易经》中把“六”定为阴数、“九”定为阳数，九月九日，日月并阳，两九相重，故而叫重阳，也叫重九。此时，秋收基本完毕，乡民多接女儿回娘家，俗云：“九月九，搬回闺女息息手”，由此，重阳也叫“女儿节”。

重阳节的起源主要有二：一是避疫免灾的习俗。据梁朝吴均《续齐谐记》及民间传说：相传东汉时，河南汝阳郡的汝河暴发瘟疫，家家有人病倒，天天有人丧命。这场瘟疫夺走了许多人的生命。汝南县一位名叫桓景

的年轻人，父母也悲惨死去，他自己也差点被小鬼捉去了。病愈后，他辞别心爱的妻子儿女和父老乡亲，决定外出投师学艺，为民治病除疫。桓景遍访名山仙乡，四处寻道拜师，终于打听到东方最古老的山上，有一位法力无边、名叫费长房的仙长。桓景不畏艰险和路途遥远，在仙鹤的指引下，终于找到了那座仙山，见到了那位法力无边的仙长。仙长被他的坚强意志和崇高精神所感动，决定收他为徒，把自己所有的医术、剑术和除妖降魔本领全部教给了他，并且还赠他一把除妖降魔的宝剑。

三年后的一天，仙长把桓景叫到跟前说：“你的本领已经学成。明天是九月九日，瘟魔又要出来作恶，你家乡会有大灾，你应该下山为民除害。”临行前又送给桓景一包茱萸，一壶菊花酒，并且告诉桓景让他全家大小及乡亲们都佩带一只装有茱萸的绛色袋子，系于臂上，并且登高饮菊花酒，就可避疫免灾。接着就让徒弟骑着仙鹤飞回家乡。

桓景回到家乡，在九月九日的早上，按师傅的叮嘱，把全家大小及乡亲们领到附近的山上，给每人一片茱萸叶、一盅菊花酒，随即准备降魔。中午时分，随着几声怪叫，瘟魔冲出汝河，但是刚扑到山下，突然闻到阵阵茱萸奇香和菊花酒气，便戛然止步，脸色突变。桓景手持降妖降魔剑及时追下山来，几个回合就把瘟魔刺死。全家大小及乡亲们安然无恙。傍晚大家回家一看，院子里的鸡、狗、猪、牛、羊均遭瘟暴死。仙长告知桓景：这是家畜代大家受了祸。

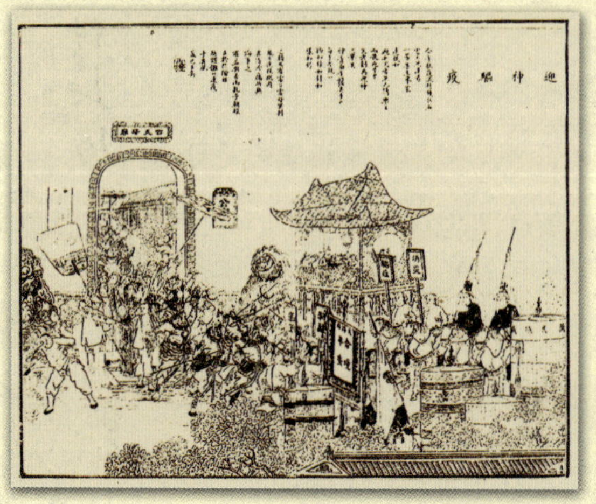

迎神驱疫

此后，人们把这种习俗看做是避疫免灾的活动。文献记载重阳登高之俗，也始于西汉，“三月上巳，九月重阳，士女游戏，就此祓禊（fú xì）登高”（《西京杂记》）。这说的是春秋两季在水边举行除灾求福的祭礼，然后登高。从此，九月九日重阳登高、插茱萸、喝菊花酒的习俗就年复一年地流传下来。

二是祈求长寿的愿望。古人认为“九”基本有两种寓意：①以为“九”为老阳，阳极必变。九月九日，月、日均为老阳之数，不吉利。所以在躲避眼前的瘟疫祸害之后，还希望健康长寿，因而衍化出一系列避不祥、求长寿的活动。如吃重阳糕等。②以为“九九”就是“久久”之意，包含有健康长寿、生命长久的寓意。这是一种民俗观念，也是借助巫术原理中语言同音、近音以及谐音的所谓魔力，希望战胜自然、把握自己命运的良好愿望和幻想心理，但对保持人们的良好心态和坚强意志，确实能起到一定的作用。此外，按阴阳五行的说法，重九之日，地气上升，天气下降，天地之气交接，会产生一些不正之气。而在重阳前的一段时间，秋雨潮湿，秋热也尚未退尽，人较易生病，而高处较为干燥，为防不测，才登高以避之。而登高望远，能强身健体，还可使人或心旷神

岁华纪胜 登高

怡，或精神大振。

这样，重阳节最迟在汉代就形成了。

（二）重阳节的演进

据《西京杂记》记载，西汉初年宫中已有这些习俗："九月九日，佩茱萸，食蓬饵，饮菊花酒"，以求长寿。"食蓬饵"就是吃重阳糕。相传汉高祖刘邦的爱妃戚夫人被吕后残害后，她的侍女贾佩兰也被逐出宫中，嫁于贫民扶风人段儒为妻，便将这些习俗传入民间。"糕"和"高"谐音，作为节日食品，最早是庆祝秋粮丰收、喜尝新粮的用意，之后民间才有了登高吃糕，取"步步高升"的吉祥之意。此后，重阳节求寿的风俗更加兴盛。这是受古代巫师采药求长生的影响。同时还有大型饮宴活动，这是由先秦时庆丰收之宴饮发展而来的。

天后娘娘

魏晋时期十分重视重阳节。魏文帝曹丕《九日与钟繇（yóu）书》中云："岁往月来，忽复九月九日。九为阳数，而日月并应，俗嘉其名，宜于长久，故以享宴高会。"魏晋以来，重阳聚会饮酒、赏菊赋诗已成时尚。《荆楚岁时记》云："九月九日，四民并籍野饮宴。"到了唐代，经大臣李泌奏请皇上后，重阳被朝廷正式确立为民间节日，此后历朝历代沿袭至今。

唐代甚至引起皇帝登高的雅兴。《唐诗纪事》谓景龙三年（公元709

天后出行

年）重阳节，中宗李显临幸渭亭登高，令臣下各赋诗一首，先成者赏，后成者罚。唐宋时期，咏菊诗词非常繁多。至宋代，我国沿海地区产生了一种新民俗，即对海神妈祖的祭拜。她是宋初福建莆田湄州岛一户渔民的女儿，原名林默，传说生于九月九日（一说农历3月23日）。她生前为渔民导航，救起了许多遇险船只。雍熙四年（公元987年），在她27岁时，为救助一次海难而不幸逝世。死后，她经常显灵于海上，使许多渔船安全脱险。人们视她为海神，后被朝廷封为“天后圣母”。目前在世界上20多个国家和地区建有5 000多座颇具规模的妈祖分灵庙宇，恭祭妈祖的民众近2亿人，每年前往湄州妈祖庙朝拜的海内外游人络绎不绝。妈祖文化经过千年岁月，对全世界的华人都具有极大的凝聚力，特别在东南亚国家有着很大的影响，并且成为联系海内外华人的精神纽带。

明代，又有皇帝亲临万岁山登高之举。进入清代，重阳节俗更加普及，活动更加盛大，举国上下，普天同庆。1989年，我国把重阳节定为老人节，倡导全社会树立尊老、敬老、爱老、助老的风气，使重阳节又多了一层新含义。如今，重九郊游、赏菊、饮菊花酒、食花糕，依然是非常普遍的民俗活动。

21世纪以来，国家非常重视非物质文化遗产的保护，重阳节于2006年5

月20日，经国务院批准列入第一批国家级非物质文化遗产名录。

重阳在民众生活中成为夏冬交接的时间界标。如果说清明是人们度过漫长冬季后出外踏青的春游，那么重阳即是在秋寒将至、人们即将“隐居”家中时的具有仪式意义的秋游，所以有清明“踏青”、重阳“辞青”之俗。重阳节俗就围绕着人们对这一时节的感受而展开。

二、重阳节的主要习俗

（一）赏菊与咏菊

金秋九月，百花纷谢，菊花笑绽，芬芳吐艳，高洁清雅，迎风傲霜，故而九月也叫“菊月”，重阳节也叫“菊节”、“菊花节”。菊花是我国传统的十大名花之一，常常春兰秋菊并称，又与梅、兰、竹一起被称为“四君子”，向来被视为花中神品。我国是菊花的故乡，自古培种菊花就很普遍。菊花，又叫黄花、九花，属菊科，品种繁多，既可观赏，又是饮料和药物。菊花的基本颜色有黄、白、紫、红、绿、墨等，还会生出许多变种；菊花的形状有管、钩、带、须、匙、托冠、武瓣等；菊花的名称更是绚丽多彩，有月下白、玉牡丹、白西施、碧江霞、紫霞杯、玛瑙盘、美人红、醉杨妃、鹤顶红、碧玉如意、春水绿波等。屈原《离骚》中就有“朝饮木兰之坠露兮，夕餐秋菊之落英”。菊是长寿之花，被誉

赏菊花

渊明采菊
清代民间年画

为“延寿客”，其中的野菊每逢九月，漫山遍野，或一片金黄，或姹紫嫣红，生命力极强。又为文人们赞为凌霜不屈的象征，历代文人多喜爱菊花，并且饮菊、咏菊。晋代左思的妹妹左芬，以菊的清高孤傲自喻，赋《菊花颂》。

陶渊明于花中独爱菊，与之心灵相通：“菊花知我心，九月九日开。”他的《九日闲居》诗序云：“余闲居，爱重九之名。秋菊盈园，而持醪（láo）靡由（即没有酒喝），空服九华，寄怀于言。”其《饮酒》诗中云：“秋菊有佳色，浥露掇（duō，拾取）其英。”“采菊东篱下，悠然见南山。”古今版画中就有不少陶渊明赏菊图。后人效仿于他，便蔚然成风。

孟浩然塑像

唐人咏菊诗数量繁多。孟浩然《过故人庄》说到，春夏曾受故人之邀一起喝酒，但意犹未尽，要“待到重阳日，还来就菊花”。元稹《菊花》诗歌咏了她傲霜特立的坚强品格：“秋

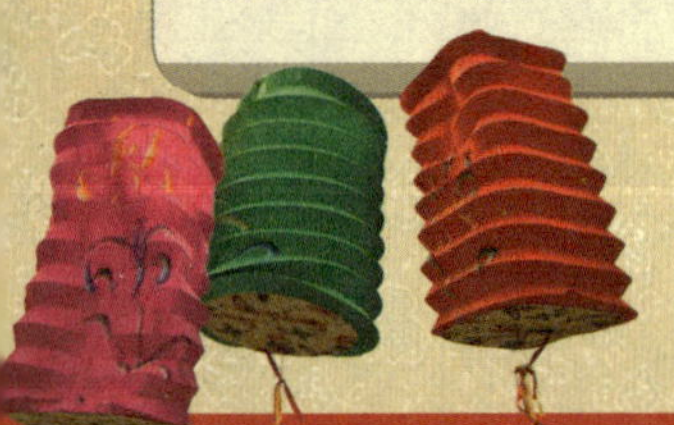

丛绕舍似陶家，遍绕篱边日渐斜。不是花中偏爱菊，此花开尽更无花。”白居易《重阳席上赋白菊》用菊作比，以自己表面的不合时宜，展现了孤傲正直的品性：“满园花菊郁金黄，中有孤丛色似霜。还似今朝歌舞席，白头翁入少年场。”

宋代赏菊的风气最是兴盛，无论皇室贵戚，还是平民百姓，都喜玩赏菊花。周密《乾淳岁时记》载：宫中按惯例在初八作重阳佳节的喜庆安排，在庆端殿摆放各种各样菊花，耀眼炫目，并且点燃菊灯，如同元宵。孟元老《东京梦华录》卷八载：“九月重阳，都下赏菊，有数种。其黄白色蕊若莲房，曰‘万龄菊’，粉红色曰‘桃花菊’，白而檀心曰‘木香菊’，黄色而圆者曰‘金铃菊’，纯白而大者曰‘喜容菊’。无处无之。”宋代还出版了关于菊花的专著《菊谱》。

菊花会

宋人咏菊词丝毫不逊于唐诗。李清照《醉花阴》以佳节中凉爽的天气、芳菊美酒等节物为衬托，抒发了自己的落寞凄苦：“薄雾浓云愁永昼，瑞脑销金兽。佳节又重阳，玉枕纱厨，半夜凉初透。东篱把酒黄昏后，有暗香盈袖。莫道不销魂，帘卷西风，人比黄花瘦！”辛弃疾《踏莎行》于美味佳肴、轻歌曼舞中，反衬出自己的悲时忧国之情：“夜月楼台，秋香院宇，笑吟吟地人来去。是谁秋到便凄凉，当年宋玉悲如许！随分杯盘，等闲歌舞，问他有甚堪悲处？思量却也有悲时，重阳节近多风雨。”

元代画家、诗人郑思肖的《画菊》，吟颂了菊花特立独行、不趋不媚、迎风傲霜、忠贞坚韧、贫苦自乐的精神品格："花开不并百花丛，独立疏篱趣无穷。宁可枝头抱香死，何曾吹落北风中。"暗喻的则是自己高尚节操和宁死不降的决心。明清时期，菊花品种越来越多，李时珍说有九百种，清初汪灏等的《广群芳谱》也记载有三四百种菊花。

明代，张岱《陶庵梦忆》卷六描述兖州张氏的菊园如同王府菊园，花团锦簇，颜色鲜艳，非同凡品。赏菊之日，家中所有的家具器皿、衣服被褥、装饰花样，全都摆放菊花。夜里用灯烛映照，在烟雾的烘染下，比白天更加好看。由此，作者叹服道："真是菊海啊！"明人文森《九日》诗记述了自己三年都不在家乡赏菊的遗憾和建功立业的志向："三载重阳菊，开时不在家。何期今日酒，忽对故园花。野旷云连树，天寒雁聚沙。登临

东篱赏菊图
（明）唐寅

对菊持螯

重阳赏菊
选自清
《十二月令图轴》

无限意，何处望京华。”

清代赏菊活动又有发展，出现了菊花会、菊花山。清富察敦崇《燕京岁时记》说：九花，就是菊花。每到重阳，富贵家庭，将菊花数百盆放置庭院中，有的摆成山形，有的堆成塔样，远近高低，特别好看。清顾禄《清嘉录》中记述了苏州的赏菊活动：“园里菊花刚刚开放，附近的花农，就把千百盆菊花，担入城市。居民抢着购买。有的插在瓶里欣赏，在花梗上绑上软铁丝，菊花昂首点头，似乎能与人通情

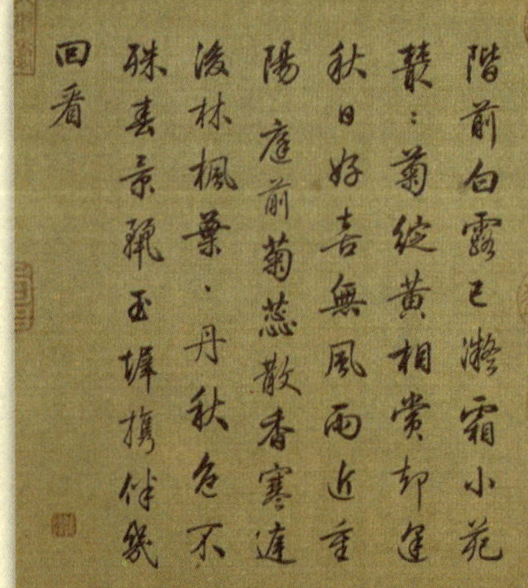

选自《月曼清游图》

达意；或者在广庭大厦堆垒千百盆，堆成菊花山。这一现象茶馆特别多。由此作者借他人之口骄傲地宣称，此种盛况已大大超过了陶渊明的东篱赏菊：“堆得菊山高复高，铜盆瓷碗供周遭。酒边灯下花成卮（zhī，酒杯），笑倒柴桑处士陶。”另外，《金瓶梅》、《红楼梦》、《水浒传》、《浮生六记》等文学作品中也有赏菊之记载。

旷代伟人毛泽东的《采桑子·重阳》描绘了一幅战地壮丽的秋景图，其艺术境界恢弘浪漫：“人生易老天难老，岁岁重阳，今又重阳，战地黄花分外香。一年一度秋风劲，不似春光，胜似春光，寥廓江天万里霜。”表现了顽强的革命意志，洋溢出革命的乐观主义精神。

2006年5月20日，广东省中山市小榄镇的“菊花会”，经国务院批准被列入第一批国家级非物质文化遗产名录。南宋时期，小榄就已经开始种菊，到了清代乾隆年间，开始举行菊花会，品评各种菊花，各种菊花争奇斗艳，一决高下，名曰“菊试”。活动主要包括赏菊、赛菊、吟菊、画菊、水上漂色、菊花戏等，构成了多姿多彩的文化风景。小榄又称“菊城”，这得名于1959年举办的新中国成立后首届菊花会。赏菊游客近30万人次，还拍了电影纪录片。目前，为了更好地保护和发展岭南菊文化，中山市已兴建我国第一

中山小榄菊花

座菊花博物馆，坐落于小榄镇600多亩的菊花园中。2007年小榄举办了为期20天的第九届全国菊花会，展出品种菊近1 800种，日本、韩国及马来西亚等国也应邀参展，海内外参展单位达109家，创历届全国菊展之最。赏菊游客达300万人次。小榄菊花会品多艺高，是中国菊文化最集中的体现。小榄还谱有《菊城赞歌》，她确实是中国名副其实的美丽菊城。

至今，重阳节期间，许多公园及城乡多组织大型菊展，并将菊缚扎成各类动植物和各色人物等造型，更添节日气氛，令人心旷神怡。

菊花，她具有战士的斗志，迎风傲霜；有君子的品德，贫苦自乐；有隐士的高风，不趋不媚。菊花，确实值得人们好好品赏、咏颂！菊花的品格，确实值得人们好好学习、效仿践行！

（二）登高吟诵抒情怀

登高赋诗是重阳最初的习俗。金秋九月，秋高气爽，登高望远可使人心旷神怡、健身祛病。

早在西汉，《长安志》中就有京城九月九日人们游玩观景之记载。《西京杂记》云："三月上巳，九月重阳，士女游戏，就此祓禊（fú xì）登高。"说的是春秋两季在水边举行除灾求福的祭礼，然后登高。东晋时，有著名的"龙山落帽"故事。《晋书·孟嘉传》及陶渊明的《孟府君传》载，九月重阳这天，晋朝大司马桓温登上龙山(今湖北江陵县西北的一座山)，大宴群僚，吟诗作赋，抒怀驰思。有位叫孟嘉的，在其手下任参军，他就是陶渊明的外祖父。酒酣兴浓之际，一阵风起，吹落孟嘉的帽子，可他似乎毫无察觉，还在观赏山景，高谈阔论，吟咏啸哦。趁他如厕，桓温叫人作文笑他。孟嘉回来后，即请笔作答，挥笔立就，文辞超卓，四座叹之。这是典型的东晋名士风流的展现，后来成为重阳最著名的典故，一直传为佳话。李白有诗云：“九日龙山饮，黄花笑逐臣。醉看风落帽，舞爱月留人。”他们可以说是异代知音。

重阳登高

孙思邈《千金方·月令》说：重阳节，必须携带肴酒登高远望，举行宴会，观赏秋景，抒发豪情。喝的酒必须是采摘茱萸、菊花酿制而成，总是喝醉后，才回家。

唐及以后的文人墨客度重阳佳节时，既写秋景，更抒胸怀。王维《九月九日忆山东兄弟》：“独在异乡为异客，每逢佳节倍思亲。遥知兄弟登高处，遍插茱萸少一人。”这首重阳忆家乡（华山以东，指山西）兄弟的诗，记叙的是重阳登高、头插茱萸的习俗，抒发了异乡为客、佳节思亲的孤独、悲伤情怀。杜牧《九日齐山登高》：“江涵秋影雁初飞，与客携壶上翠微。尘世难逢开口笑，菊花须插满头归。但将酩酊酬佳节，不用登临叹落晖。古往今来只如此，牛山何必独沾衣。”牛山位于山东临淄县南。《晏子春秋》记载齐景公曾登此山，因忧于个

王维茱萸峰诗意像
“九月九日忆山东兄弟

人生死而落泪。诗中杜牧认为世事不平，古今皆同，逢着重阳佳节，有菊有酒，当开口便笑，不应像景公那样，泪下沾衣。但杜牧是故作潇洒，杜甫却是一生执著："风急天高猿啸哀，渚清沙白鸟飞回。无边落木萧萧下，不尽长江滚滚来。万里悲秋常作客，百年多病独登台。艰难苦恨繁霜鬓，潦倒新停浊酒杯。"（杜甫《登高》）杜甫尽管一生穷困潦倒，但重阳登高悲秋，仍然展示了忧国忧民的宽广胸怀。此诗被后世誉为唐代律诗的压卷之作。王缙虽远在边地，气候严酷，但仍钟情菊花美酒。其《九日作》云："莫将边地比京都，八月严霜草已枯。今日登高樽酒里，不知能有菊花无。"

南宋吴自牧《梦粱录》卷五载："日月梭飞，转盼重阳。……是日'孟嘉登龙山落帽，渊明向东篱赏菊'，正是故事。"南宋韩元吉《水调歌头·九日》上片："今日俄重九，莫负菊花开。试寻高处，携手蹑屐上崔嵬。放目苍崖万仞，云护晓霜成阵，知我与君来。古寺倚修竹，飞槛绝纤埃。"描写了重阳赏菊及登高观景的韵致。

明清时，北京地区登高颇盛。清富察敦崇《燕京岁时记》云：京城每到九月九日，人们都带着酒菜，出城登高。南边多在天宁寺、陶然亭、龙爪槐等处，北边则在蓟门烟树、清净化域等处，远的到了西山八刹等处。赋诗饮

九重高拱

酒，烤肉吃糕，真是非常快乐。有些贵戚富家则带上车马、幕帐、烤具、乐器，登上高台土坡，架起幕帐桌椅，大吃爆烤羊肉或涮羊肉，并唱戏奏乐，听歌看舞。慈禧太后，每年重阳于北海东的桃花山登高野餐，并设蓝布围障，防他人偷看。在玉渊潭钓鱼台等处，也集中了不少登高之客。故宫御花园里也有登高之山。广州地区，游客多在重阳登上白云山，饮酒赋诗，热闹非凡，影响至今。上海附近无山丘，就把沪南丹风楼及豫园的假山作为登高雅集之所，也很热闹。至民国年间干脆又登二十四层高的国际饭店。

而近代的北京香山、山东的牛山、江西南昌的滕王阁等处，也都是登高胜地。湖北江陵龙山上纪念东晋孟嘉落帽的落帽台古迹，也吸引着许多游客。尤其是滕王阁，因为唐代王勃于重阳节时在阁上写出千古名文《滕王阁序》，更是闻名天下。

龙山落帽
（清）任伯年

贞观十三年（公元639年），高祖之子李元婴受封为滕王，他曾官洪州（今南昌）都督，滕王阁即是他为官

滕王阁

洪州时所建。唐高宗上元二年（公元675年）重阳节，滕王的后任洪州都督阎伯屿设宴滕王阁，招待文武百官，共庆佳节，并请大家吟诗作赋以纪欢宴之盛况。不过阎公其实是想让当时已有诗名的女婿吴子章趁机在大家面前好好露一手，展现其才华，也让自己脸上有光。所有的宾客也知道他的用意，因为吴子章的文章已经写好，只待当众朗诵。当时王勃的父亲担任海南交趾县令，王勃前往探亲，刚好路过南昌，也被邀入席，但他却不知阎公要抬举女婿的用意。

酒兴正酣，阎公便请大家献诗呈赋，大家都再三推让。可是坐在末座、时年26岁的王勃，已经是诗书满腹、名震文坛。他不谙此道，踌躇一会儿，便接过文房四宝，文思潮涌，挥笔而成。开始阎公很不高兴，后来见其才思横溢，文辞华美，忍不住拍案叫绝，称其为天才之笔。于是重开宴会，尽欢而散。这样王勃名气就更大。特别是这些名句更是令人感同身受，能鼓舞斗志，增人信心：“关山难越，谁悲失路之人；萍水相逢，尽是他乡之客”；“落霞与孤鹜齐飞，秋水共长天一色”；“老当益壮，宁移白首之心；穷且益坚，不坠青云之志”。可惜英年命短，大约一年后便因游泳被水淹，后受惊而亡。但这篇千古名文现在一直是大学古代文学的必选课文。他与杨炯、卢照邻、骆宾王并称为“初唐四杰”。

滕王阁景区
王勃塑像

由于重阳为秋节，节后草木开始凋零，与三月清明“踏青”相对应，所以又称重阳节野游活动为“辞青”。清潘荣陛《帝京岁时纪胜》云：“(重阳)又有治肴携酌，于各门郊外痛饮终日，谓之‘辞青’。”总之，重阳登高既能强身健体，又颇富诗情画意。

（三）佩茱萸、簪菊花

茱萸是重阳节的重要标志。重阳节有佩茱萸的风俗，因此又被称为“茱萸节”。同时人们还喜欢佩戴菊花。茱萸雅号“辟邪翁”，菊花又名“延寿客”。

茱萸，又名“越椒”或“艾子”，因为出产于吴地（今江、浙一带）的茱萸质量最好，因而也叫“吴茱萸”。它是一种常绿小乔木，属茴香科，气味辛辣芳香，性温热（《本草纲目》）。树高可达一丈多，叶为羽状复叶，初夏开绿白色的小花，结实似椒子，秋后成熟。果实嫩时呈黄色，成熟后变成紫红色，它的根、茎、叶和种子都可以入药。有除湿、止痛、理气、延年益寿等功效，可治腹痛、吐泻、霍乱、便秘、消化不良等症，还可以治寒驱毒、杀虫驱蚊。也可以将茱萸入酒饮之。古人认为佩戴茱萸，可以辟邪去灾。

早在汉代佩茱萸、饮菊花酒已成为重要的节日习俗。唐代沈佺期《九日临渭亭侍宴应制得长字》诗中云：“魏文颂菊蕊，汉武赐萸囊。……年年重九庆，日日奉天长。”晋代周处的《风土记》里就有重阳插茱萸的记载：九月九日，茱萸成熟了，当在此日折茱萸以插头，可以避免恶气而抵御初寒。唐代时，重阳佩茱萸的习俗很盛行。人们认为重阳这天插茱萸可以避难消灾，或佩戴于臂，或作香袋把茱萸放在里面佩戴，称为茱萸囊，还有的插在头上。佩戴茱萸的大多是妇女、儿童；有些地方，男子也佩戴。宋代，还有将彩缯剪成茱萸、菊花样来

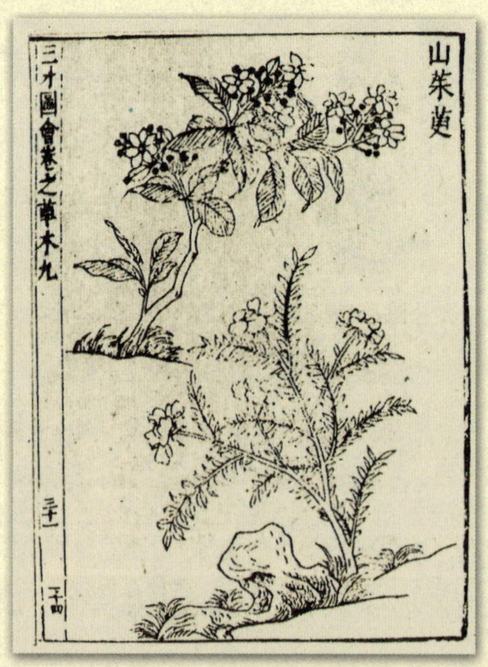

簪菊

相赠佩戴的。

《十二月令图轴》

重阳茱萸其实也和端午节的雄黄和菖蒲的作用差不多，目的在于除虫防蛀。因为过了重阳节，就是十月小阳春，天气有一段时间回暖；而在重阳以前的一段时间内，秋雨潮湿，秋热也尚未退尽，衣物容易霉变。这段时间又是桂花盛开之时，所以民间称之为“桂花蒸”，这时必须防虫。茱萸有微毒，有除虫作用，制茱萸囊的风俗正是这样来的。

除了佩带茱萸、赏菊之外，又有头戴菊花即簪菊的。这种习俗起初应有避恶的意思，后来则纯粹为了装饰。周密《武林旧事》云：“都人是日饮新酒，泛萸簪菊。”《乾淳岁时记》也记有这一习俗。自唐代后，历代盛行。杜牧《九日齐山登高》诗云：“尘世难逢开口笑，菊花须插满头归。”黄巢《菊花》诗中“满城尽带黄金甲”，则描绘了一片金黄、艳丽壮观的城市景象。宋代，与佩茱萸一样，还有将彩缯剪成菊花样相互赠送而佩戴的。清代，北京重阳节的习俗是把菊花枝叶贴在门窗上，“解除凶秽，以招吉祥”。这是头上簪菊的变俗 。

在宋元以后，佩茱萸的习俗逐渐减少了。主要原因在于，随着人们生活的改善，早期民众强调避疫免灾的功能逐渐弱化。人们不仅关注目前的现实生活，而且对未来生活给予了更多的期盼，祈求延寿与长生。所以“延寿客”菊花的地位最终盖过了“避邪翁”茱萸。

（四）吃重阳糕

1. 历代的重阳糕。重阳的饮食，除了饮茱萸、菊花酒之外，最有名的就是吃重阳糕。重阳糕又称花糕、菊糕、五色糕。古人作糕的本意是祝愿子女百事俱高。在九月九日天明时，以片糕搭在儿女头额上，口中念念有词，非常诚挚。

据《西京杂记》载，汉代已有九月九日吃蓬饵即重阳糕之俗。《周礼》载：“饵”即糕，用作祭祀或在宴会上食用。汉代又有黍糕，可能与今天的糕已经差不远。唐宋时称“重阳糕”。吴自牧《梦粱录》谓：九月九日，“以糖面蒸糕，上以猪羊肉、鸭子为丝簇飦（zhān，稠粥），插小彩旗，名曰‘重阳糕’”。孟元老《东京梦华录》、周密《乾淳岁时记》都详尽地描述了当时的重阳糕。至宋代，吃重阳糕之风就大盛了。“糕”与“高”谐音，吃糕是取“步步高升”的吉祥之意，因而才受到人们的青睐。明清时，也叫“花糕”，因为在上面缀饰栗子、枣子，斑斓如画，故名。明刘侗《帝京景物略》云：“九月九日，……面饼种枣栗，其面星星然，曰‘花

茱萸年糕

糕’。”还说这一天父母必须迎接女儿来吃花糕。明清时期这一习俗仍如同前朝，谢肇淛（zhè）《五杂俎》中有此记载。民国年间，仍然有重阳花糕。糕面印双羊，取“重阳”的意思。

重阳糕制无定法，较为随意。讲究的重阳糕要做成九层，像座宝塔，上面还做成两只小羊，以符合重阳（羊）之义。有的还在重阳糕上插一小红纸旗，并点蜡烛灯。这大概是用“点灯”、“吃糕”代替“登高”的意思，用小红纸旗代替茱萸。重阳糕大体分为“糙花糕”、“细花糕”和“金钱花糕”等。“糙花糕”是粘些香菜叶以为标志，中间夹上青果、小枣、核桃仁之类的糙干果；细花糕有三层、二层不等，每层中间都夹有较细的蜜饯干果，如苹果脯、桃脯、杏脯、乌枣之类；金钱花糕与细花糕基本相同，只是个儿较小，如同金钱一般，多是达官贵人的食品。据说，早年商家用发面饼夹上枣、栗等果肉，或以江米、黄米面蒸成黏糕饼，似“上金”、“下银”的花糕。重阳糕不仅自家食用，还馈送亲友，称“送糕”。

清初宋祖谦《闽酒曲》见出了一位少女对恋人的深情厚谊和体贴入微：“惊闻佳节近重阳，纤手携篮拾野香。玉杵捣成绿粉湿，明珠颗颗唤郎尝。”作者自注云：莆田人以重九日采草为曲，年轻人都去采集。回家后，和米捣烂，做成弹丸那么大。这是几百年前流行的一种曲果。而近代以来，人们又把曲果改制为一种很有特色的九重果。此果分九层重叠，可以揭开，切成菱形，四边层次分明，呈半透明体。食之甜软适口，又不粘牙，可称重阳敬老的上佳礼馔。

2. 吃重阳糕的来历。关于重阳糕的起源，主要有三种说法。

一种认为是由宫廷传入民间的。据《西京杂记》记载，西汉初年宫中已有这些习俗：“九月九日，佩茱萸，食蓬饵，饮菊花酒”，以求长寿。“食蓬饵”即吃重阳糕。相传汉高祖刘邦的爱妃戚夫人被吕后残害后，她的侍女贾佩兰也被逐出宫中，嫁于贫民扶风人段儒为妻。她便把宫中“蓬饵”的做法教给大家，后来这些习俗便在民间流传开来。

重阳糕起源的另一种说法，源于晋末士兵的干粮。《南齐书》卷九说：刘裕纂晋之前，有一年在彭城过重阳，一时兴起，便骑马登上了项羽戏马台。等他即位称帝后，便规定每年九月九日为骑马射箭、校阅军队的日子。传说后来流行的重阳糕，就是当年发给士兵的干粮。

还有一种传说与文人有关，流传于陕西附近。明朝状元康海是陕西武功人，传说他参加八月乡试后，卧病长安。八月下旨放榜后，报喜的人兼程将此喜讯送到武功。但此时康海尚未抵家，家里没人打发赏钱，来报喜的人就不肯走，一定要等到康海回来。等康海病好回家时，已经是重阳节了。这时他才打发来报喜的人，给了他赏钱，并蒸了一锅糕给他作回程的干粮，余下的就分给左邻右舍。因为这糕是用来庆祝康海中状元的，所以后来有子弟上学的人家，也在重阳节蒸糕分发，讨一个好兆头。重阳节吃糕的习俗就这样流传开来。康海与李梦阳、王世贞等并称为明代“前七子”，在文学史上占有较高地位。

（五）饮菊花酒

与孟嘉著名的“龙山落帽”故事交相辉映的是“白衣送酒”的故事。这位白衣使者就是把美酒送给孟嘉的外孙陶渊明。

白衣送酒 （清）任预

《宋书·隐逸传》载：“（陶渊明）尝九月九日无酒，出宅边菊丛中坐久，值（王）弘送酒至，即便就酌，醉而后归。” 这位王弘就是当时的江州（今九江）刺史。原来王弘久仰陶渊明的鼎鼎大名，便想结识他，但已经归耕田园的陶渊明对他总是避而不见。后来王弘终于想到一个办法：先把陶渊明的朋友庞通之找来，准备好美酒和酒具，打听哪天陶渊明要上庐山或者外出，就把美酒和酒具摆放在半路上的亭子里或者陶渊明的必经之地，恭敬地在那里等候。果然那天陶渊明坐着竹轿子上山来了，看见好友恭候相迎，便下轿与庞通之一起饮了起来。这时，王弘便从后面的树林里走了出来，这样三人便一起饮酒，欢宴终日。后来这个亭子就叫酌野亭。酒后，王弘还觉得意犹未尽，便邀请陶渊明一起到州府去，彻夜长谈。此后，王弘就经常派人去给陶渊明送酒。但只送到半路上，再由陶渊明的小童取回去。后来人们便把王弘送酒的地方叫王弘冈。古人吟“白衣送酒”的诗文数以千计，王勃《九日》诗云：“九日重阳节，门门有菊花。不知来送酒，若个是陶家。”

重阳佳节，除了赏菊、咏菊外，我国自古就有饮菊花酒的传统习俗。菊花酒，在古代被看做是重阳必饮、祛灾祈福的“吉祥酒”。它与桂花酒一样，既是一种节令饮料，也是一般的健身饮品。

菊花，在“霜降之时，唯此草盛茂”。她有战士的斗志，迎风傲霜有君子的品德，贫苦自乐；有隐士的高风，不趋不媚。她与梅、兰、竹一起被称为“四君子”。

早在屈原笔下，就已有“夕餐秋菊之落英”之句，即服食菊花瓣。晋代陶渊明也有“酒能祛百病，菊能制颓龄”之说。魏时曹丕曾在重阳赠菊给钟繇（yóu），祝他长寿。晋代葛洪在《抱朴子》中记有河南南阳山中人家，因饮了遍生菊花的甘谷水而延年益寿的事。梁简文帝《采菊篇》中则有“相呼提筐采菊珠，朝起露湿沾罗襦”之句。

陶渊明
（明）王仲玉

我国酿制菊花酒，早在汉魏时期就已盛行。汉刘歆（xīn）《西京杂记》介绍说：采下初开的菊花和一些青翠的枝叶，掺和在准备酿酒的黍米等粮

菊花酒

食中，然后一齐用来酿酒，放至第二年九月九日饮用。传说喝了这种酒，可以延年益寿。从医学角度看，菊花酒可以明目、治头昏、降血压，有减肥、补肝气、安肠胃、利血的妙用。到了明清时期，菊花酒中又加入多种草药，效果更佳。制作方法为：用甘菊花煎汁，用曲、米酿酒或加地黄、当归、枸杞诸药。后世则一般在重阳节期间制作，用菊花浸制而成，《梦粱录》中说“以菊花、茱萸浮于酒饮之”，那么就简单方便多了。直到明清，菊花酒仍然盛行，在明代高濂的《遵生八笺》中仍有记载，是盛行的健身饮料。

由于菊花酒的缘故，重阳又成了祭祀酒业神的酒神节。山东滕县、临沂、日照等地，近现代仍然多在重阳节酿造菊花酒，祭酒神杜康。当地谣谚曰：“九月九，九重阳，菊花作酒满缸香。”在贵州仁怀县茅台镇，每到重阳，开始投料下药酿酒。老板必在贴有“杜康先师之神位”的地方摆上供品，点香烧纸，祈祷酿出好酒。传说是因九九重阳，阳气旺盛，才能酿出好酒。

古代文人在饮菊花酒的同时，又以生花妙笔给后世留下了许多佳句名篇，让我们久久品味、遐思，甚至从其中能学到许多做人的道理和规划人生的原则。

王昌龄左迁龙标
(今湖南怀化)
建有芙蓉楼

初唐郭震有“辟恶茱萸囊，延年菊花酒”之诗句。王昌龄《九日登高》：“青山远近带皇州，霁景重阳上北楼。雨歇亭皋仙菊润，霜飞天苑御梨秋。茱萸插鬓花宜寿，翡翠横钗舞作愁。谩说陶潜篱下醉，何曾得见此风流。”此诗也染上一些悲秋之情，不过对陶渊明的理解却非常深刻。唐杨衡《九日》诗则是一种萎靡不振的精神和得过且过的态度：“黄花紫菊傍篱落，摘菊泛酒爱芳新。不堪今日望乡意，强插茱萸随众人。” 因为他太思念故乡了。杜甫《云安九日》：“寒花开已尽，菊蕊独盈枝。旧摘人频异，轻香酒暂随。”写出了

红叶题诗

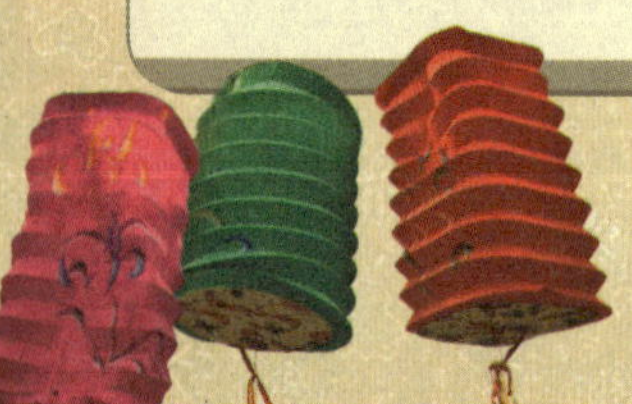

菊花的坚韧不屈、抱枝终老的高尚品格。

关汉卿（一说卢挚）的《沉醉东风·重九》借典故而抒己情，一位惟妙惟肖的孤独憔悴者的形象如在眼前："题红叶清流御沟，赏黄花人醉歌楼。天长雁影稀，月落山容瘦。冷清清暮秋时候，衰柳寒蝉一片愁，谁肯教白衣送酒。"红叶题诗故事见于唐代范摅（shū）《云溪友议》卷十，说的是卢渥（wò）与一位宫女非常奇特的婚姻故事。卢渥参加进士科考那年，偶然走到御河旁边，见水面漂来一片红叶，捡起一看，上面题了一首绝句。他看后就把它放在衣箱里。后来他娶了一名宫女为妻，就是诗题红叶的那位宫女。真是太奇特了。诗曰："流水何太急，深宫尽日闲。殷勤谢红叶，好去到人间。"白衣送酒即江州刺史王弘给陶渊明送酒的故事。

金秋九月，天高气爽，菊花绽放，幽香扑鼻。此时，除登高插茱萸外，邀上三五亲朋好友，于窗前篱下、水边山腰，共赏黄花，同饮菊酒，或者吟出一鳞半爪的诗句，确实别有一番情趣，甚至是人生的一大享受。

菊市　选自清代《聊斋画册》

参考文献

赵敏俐，尹小林.2007.国学备览.北京：首都师范大学出版社.

(南朝梁)宗懔撰.1986.荆楚岁时记.长沙：岳麓书社.

(宋)孟元老撰.2007.东京梦华录.北京：中华书局.

(宋)周密撰.1988.癸辛杂识.北京：中华书局.

(宋)周密撰.2007.武林旧事.北京：中华书局.

(宋)周密撰.乾淳岁时记.清顺治年间(1644—1661)刻本.

(宋)灌圃耐得翁撰.2001.都城纪胜.呼和浩特：远方出版社.

(宋)高承撰.1992.事物纪原.上海：上海古籍出版社.

(宋)陈元靓撰.1985影印.岁时广记.北京：中华书局.

(宋)吕原明撰,张智主编.2003.岁时杂记(中国风土志丛刊之二十六).扬州：广陵书社.

(宋)西湖老人撰.2001.西湖老人繁胜录.呼和浩特：远方出版社.

(宋)陆游撰.1979.老学庵笔记.北京：中华书局.

(宋)洪迈撰.2006.夷坚志.北京：中华书局.

(宋)吴自牧撰.2007.梦粱录.西安：三秦出版社.

(明)田汝成撰.1980.西湖游览之余.杭州：浙江人民出版社.

(明)张岱撰.1995.陶庵梦记 西湖寻梦.北京：作家出版社.

(明)刘侗,(明)于奕正撰.2001.帝京景物略.上海：上海古籍出版社.

(清)富察敦崇撰.1981.燕京岁时记.北京：北京古籍出版社.

(清)潘荣陛撰.1981.帝京岁时纪胜.北京：北京古籍出版社.

钟敬文主编.1998.民俗学概论.上海：上海文艺出版社.

钟敬文主编.2008.中国民俗史(6卷本).北京：人民出版社.

叶大兵，乌丙安主编.1990.中国风俗辞典，上海：上海辞书出版社.

韩养民，郭兴文著.2002.中国古代节日风俗.西安：陕西人民出版社.

宋兆麟，李露露著.1991.中国古代节日文化.北京：文物出版社.

乔继堂著.2006.细说中国节.北京：九州出版社.

聂鑫森著.2005.走进中国老节日.长沙：湖南美术出版社.

万建中著.2005.中国民间禁忌风俗.北京：中国电影出版社.

万建中著.1994.饮食与中国文化.南昌：江西高校出版社.

云中天编著.2006.节俗.南昌：百花洲文艺出版社.

季鸿崑著.2007.岁时佳节古今谈.济南：山东画报出版社.

蓮年
有餘

福
第五
福
国
泰
春
2006
民
安
東

中 华 节 庆